READY

READY
레디

김성환 지음

SNOWFOX

지금 이 순간 모든 이에게

어릴 때부터 나는 누군가 나에게 이래라저래라 잔소리하는 것이 달갑지 않았다. 자립심과 결단력이 무척이나 강했던 나는 20대 초반에 결혼과 동시에 스스로의 운명을 개척하기 위해 독립했다. 육군 장교 생활을 하며 나름 통장에 쌓인 잔고 8000만 원을 투자비로 지인에게 건네줄 만큼 배짱이 두둑한 청년이기도 했다.

하지만 시련은 생각보다 빨리 찾아왔다. 첫 투자가 사기를 당하면서 내 재무제표는 마이너스 8000만 원이 되었고 엎친 데 덮친 격으로 IMF가 찾아왔다. 장교 월급의 90%를 이자로 내는 상황에서 나는 무언가를 단단히 결심하지 않으면 미래가 없다고 느꼈다. 그래서 도전했다, 연봉 1억을 꿈꾸라는 신문 광고에 말이다.

나는 외국계 보험사에 에이전트로 입사했다. 그렇게 내 인생 2

막이 시작되었고 불과 3개월 만에 마이너스 8000만 원을 원점으로 그리고 2년 만에 연봉 3억, 10년 후에는 연봉 20억이라는 꿈같은 기적을 이뤘다. 지금은 외국계 보험사의 전속 채널 영업총괄 임원으로서 조직을 성장시키는 데 책임을 다하고 있다.

나는 어떻게 하면 돈을 많이 벌 수 있는지 같은 금전적인 성공을 이야기하려는 것이 아니다. 내가 이야기하려는 대상은 사람이다. 다시 말해 사람에 대한 이해에서 비롯된 성공을 이야기하고 싶다. 그동안 세일즈 조직에 있으면서 내가 가장 크게 얻은 재산은 바로 사람에 대한 경험이기 때문이다. 세상은 사람으로 이뤄져 있고 일은 사람이 창출하며 사랑과 즐거움도 결국 사람들과 함께 만들어간다. 내 인생의 성공은 결국 나 자신과 내 주변 사람들을 이해하는 데서 비롯된다.

그런 이유가 다시금 책을 쓰게 만들었다. 20여 년간, 작게는 10명에서 크게는 수천 명의 조직을 운영하면서 사람을 성장시키고 성공시키는 고민을 하다 보니 시행착오를 줄이는 방법을 찾게 되었다. 나는 사기도 당하고, 배신도 당하고, 근거 없는 구설수에 시달리기도 했다. 그뿐인가! 내 것을 빼앗겨 보기도 하고, 스트레스로 중환자실에 실려가 저승사자를 보기도 했다. 동시에 나를 믿고 따라 주는 사람이 늘어나고, 속 깊은 마음을 터놓고, 격과 의를 나누고, 믿음을 쌓아 간 사람들 덕분에 오늘의 내가 있기도 하다. 그러면서 가위를 내면 바위로 이겨야 하고 때로는 보자기를 내서 일부러 져줄 줄도 알아야 한다는 걸 몸소 부딪쳐 배워 왔다.

하지만 인생은 생각보다 빨리 간다. 모든 것을 몸소 부딪쳐 배우기엔 때로 너무 늦다.

이 책을 통해 저명인사가 아닌 나처럼 평범하고 마이너스 8000만 원으로 시작한 사람도 현재보다 더 나은 미래를 준비하고, 설계하고, 실제로 만들 수 있다는 사실을 알려 주고 싶었다. 취업을 준비하는 젊은이들, 회사에서 성공하고 싶은 인재들, 내 사람을 키우고 싶어 하는 리더들, 자영업으로 사업 확장을 고민하는 어른들, 지금 나의 성공을 꿈꾸는 모두가 이 책을 통해 시행착오를 줄이고 함께 천천히 나아갈 수 있기를 바란다. 인생의 성공 과정을 이 책과 함께 밟아 나갔으면 한다.

이 책은 한 주에 한 꼭지씩 곱씹을 수 있도록 구성되어 있다. 지금 이 순간 인생에서 성공이 필요한 모든 이가 이 책과 함께 매일, 매주, 매월, 매년 준비해 나가길 바란다. 준비하는 자에게 미래는 더 이상 두려운 것이 아니다. 누구나 비범해질 수 있다. Get Ready!

차례

11월 / 인생을 바꾸는 마인드 멘토링

12월 / 인생의 지도를 완성할 시간

JANUARY

FEBRUARY

MARCH

APRIL

MAY

JUNE

JULY

AUGUST

SEPTEMBER

OCTOBER

NOVEMBER

DECEMBER

JANUARY

1월

뿌리 깊은 나무는
흔들리지 않는다

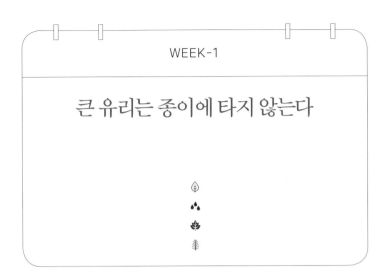

큰 유리는 종이에 타지 않는다

두 여자를 동시에 사랑한다는 남자가 있다. 반대로 두 남자를 동시에 사랑한다는 여자도 있다. 가능한 걸까? 사랑에 대해서는 조심스럽지만 나는 불가능하다고 생각한다. 에너지가 한곳에 집중되지 않기 때문이다.

두 가지 혹은 여러 가지 다른 일에 집중할 수 있다는 건 어디에도 집중하지 않는다는 말과 같다. 물론 두 가지 일쯤이라면 어느 정도의 집중은 가능하다고 본다. 하지만 온전히 집중할 수는 없다. 집중이란 마음이나 주의를 오로지 어느 하나에 쏟을 수 있는 힘이기 때문이다.

집중력은 어떤 면에서는 사랑과 같다. 사랑은 상대의 단점까지도 포용한다. 내 아이가 똥을 쌌다고 싫어하는 부모는 없다. 오히려 그 똥 냄새마저 구수하다고 감탄한다. 엄마들은 아이를 키우면서 똥 냄새는 물론이고 발 냄새도 맡는다. 온전히 사랑하기 때문이다. 집중력도 마찬가지다. 온전히 집중해야만 결과가 나온다. 흐트러지는 순간 최선의 결과가 나올 수 없다. 집중하다 말다 노력하다 말다 하면 안 한 것이나 마찬가지다. 에너지를 낭비하는 것에 지나지 않는다.

어렸을 때 종이 위에 돋보기를 대고 불을 붙이는 장난을 한 적이 있다. 정말 작은 돋보기의 볼록렌즈로 태양빛을 한 점으로 압축하면 연기가 피어오르다 이윽고 종이에 불이 붙는 게 신기했다. 나중에 알았지만 돋보기의 볼록렌즈보다 더 큰 유리로는 종이가 타지 않았다. 햇빛을 한 점으로 모으지 못하기 때문이다.

비록 돋보기의 볼록렌즈만큼 화력을 발휘하지는 못했지만 나 역시 이런 마인드로 생활하며 노력한 결과 예전보다 집중력이 좋아졌음을 느낀다. 한창 일하던 젊은 시절에는 영혼 없이 다니는 경우가 많았다. 하루 종일 바쁘게 일하고 지쳐 집에 돌아오면 반복적으로 떠오르곤 하는 생각이 있었다. '오늘 굉장히 많은 일을 한 것 같긴 한데 뭘 했지?'라는 허탈과 걱정이 뒤엉킨 물음이었다. 바쁘게 돌아다녔지만 무엇에 집중하고 결과를 냈는지 혼란스러웠기 때문이다.

요즘은 심플하게 생활하려고 노력한다. 물론 여전히 바쁘지만 많은 일을 해도 내가 무슨 일을 했는지 정확하게 알고 있다. 한 가지 일에 온전히 몰입하다 보니 결과 역시 정확하게 떨어진다. 일의 가짓수가 많아도 처리된 일은 머릿속에서 확실하게 정리된다. 일할 때만큼은 몰입하다 보니 스케줄이 많아도 뭘 했는지 알 수 있고 연속성이 생기면서 기억할 수 있게 된 것이다.

물론 급박하게 돌아가는 일상에서 매 순간 정신을 차리고 집중한다는 건 결코 쉽지 않다. 하지만 급변하는 상황에서 주어진 업무에 얼마나 빨리 몰입하느냐에 따라 성패가 나뉘는 것만은 분명하다.

다른 일은 모두 잊어버리고 지금 하는 일에만 온정신을 집중하는 힘은 우리가 생각하는 것보다 훨씬 더 대단하다. 마음과 능력을 집중시켰을 때 우리 몸의 에너지는 하나의 길로 흘러가서 위대한 결과를 낳는다. 집중력은 주의력을 이어 가는 힘이다. 결코 선천적으로 타고나는 것이 아니다. 후천적으로 길러진다. 한 가지 일에 집중하면 주변 공사장에서 터 파기 공사를 해도 머릿속에는 정적이 흐른다. 몰두하는 것에만 신경을 집중한 덕분이다.

일할 때만큼은 이만큼의 집중을 하자. 다만 에너지를 부정적인 방향이 아닌 긍정적인 방향에 쓰고자 하고 목표 지향적으로 집중하

자. 그래야 성과가 나오고 다음 목표를 향해 또다시 집중할 수 있는
힘이 생긴다.

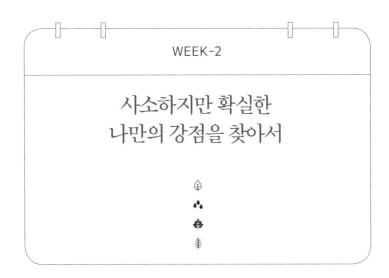

WEEK-2

사소하지만 확실한
나만의 강점을 찾아서

　　누구나 자기만의 장점과 능력을 갖고 있다. 노래를 잘하는 사람
도 있고, 동물과 교감하는 능력이 뛰어난 사람도 있고, 미각이나 후
각이 유난히 발달한 사람도 있다. 이런 자신만의 강점을 발전시킬
때 우리는 성공 가도를 달릴 수 있다.

　　성공하기 위해서는 자기 안에 무엇이 있는지, 자신의 강점이 무
엇인지를 파악하는 일이 그 어느 것보다 중요하다. 그도 그럴 것이
자신의 강점을 알고 나면 자신감이 붙는다. 충분히 성공할 수 있고
잘할 수 있다는 자신감 말이다. 안타깝게도 많은 사람이 자기 안에
무엇이 있는지, 강점이 무엇인지 정확히 알지 못한 채 살아간다. 이
들은 '나는 아무것도 가진 게 없어', '아무것도 잘하는 게 없어'라고 치

부해 버리고는 정말 아무것도 해내지 못한다.

자신만의 강점을 고려하지 않은 상황에서 시작한 일의 만족도는 어떠한가? 이성적인 판단 아래 내린 결정을 따르려 노력할 수는 있다. 그러나 결국 나 자신을 명확히 파악하지 않고 시작한 일은 그 결과가 좋을 리 없다.

성공하고 싶다는 욕심에 부러운 누군가의 성공 방식을 따라 하는 사람이 많다. 하지만 이건 산에 올라 뜬구름을 잡는 것과 같다. 어떤 일이든 가장 경쟁력 있는 출발점은 자신의 강점에서 내디딘 첫걸음에 있다. 자신만의 달란트는 오직 스스로를 분석했을 때만 찾을 수 있다. 그러니 다른 누군가를 그대로 모방해 같은 결과에 이르기란 어려울 수밖에 없다.

트렌드와 시간을 예로 들어 보자. x축을 트렌드, y축을 시간이라고 했을 때 1번 위치에 있는 사람도 있고, 2번 위치에 있는 사람도 있고, 3번 위치에 있는 사람도 있다.

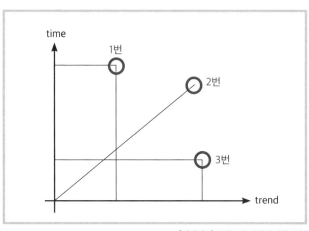

[이미지 1] 트렌드와 시간에 따른 유형

　　3번 위치에 있는 사람의 경우 트렌드는 그럭저럭 따라가지만 시
간은 정체되어 있다. 이 경우 열심히 유행은 따라가지만 정신적인
성숙도는 떨어진다. 반면 1번 위치에 있는 사람은 시간에 대한 성숙
도는 높지만 트렌드는 쫓아가지 못한다. 올드 패션이 될 수밖에 없
다. (여기서 한 가지 말해야겠다. 트렌드는 패션만을 말하지 않는다. 사회를
바라보는 눈, 경기를 바라보는 눈, 관계를 바라보는 눈, 사회를 관찰하는 눈
등 여러 의미를 포함한다.) 2번 위치에 있는 사람이 가장 바람직하다.
나이를 먹었음에도 트렌드를 놓치지 않고 따라가기 때문이다.
　　이렇게 냉정하게 자신의 위치를 파악해야 트렌드를 바라보는
새 시각이 정립된다. 그리고 자신에게 어떤 것이 더 필요한지 판단

하고 내공을 쌓을 수 있다.

　사람들은 누구나 거인을 품고 있다. 단지 잠들어 있을 뿐이다.
우리가 할 일은 그 거인을 깨우는 것이다. 모두에게는 노력하고 건
드려 주면 터트릴 수 있는 잠재력이 내재되어 있다. 내 안에 무궁무
진한 잠재력이 있다고 상상해 보자. 얼마나 매력적인가!
　한 예로 개발이 이뤄지지 않는 가난한 나라였던 중국을 두고 사
람들은 잠자는 사자라며 발전 가능성을 점쳤다. 실제로 잠에서 깨
어난 중국은 메이드 인 차이나로 전 세계 시장에 물량 공세를 퍼부
었고 어느새 뛰어난 제품 경쟁력을 갖추고 자동차, 반도체, 휴대폰
등 각 분야에서 선두 그룹을 위협하고 있다.
　만약 자신이 지닌 잠재력을 파악하고 터트릴 수만 있다면 잠재
력 폭발 이전의 삶과 이후의 삶은 상전벽해(桑田碧海)보다 더 큰 차
이가 날 것이다. 하지만 대부분의 문제는 자신의 잠재력을 모두 사
용하지 못하는 데 있다. 물론 처음부터 잠재력을 터트린다는 건 사
실상 불가능하다. 따라서 작은 목표를 잡고 점차 큰 목표로 나아가
려는 시도를 강조하는 것이다. 작은 성취를 맛봐야만 큰 성취를 이
루는 에너지가 나오는 까닭이다.

　어디서부터 어떻게 시작해야 할지 도무지 감이 잡히지 않는다

면 멘토를 찾아라. 자신의 포텐을 터트려 줄, 자신을 성장시켜 줄 멘토 말이다. 혼자 힘으로 안 된다면 줄탁동시(啐啄同時, 병아리가 알에서 나오기 위해서는 새끼와 어미 닭이 안팎에서 서로 쪼아야 한다는 뜻으로 가장 이상적인 사제 지간이나 합심해 일을 이루는 것을 말한다) 같은 자극도 필요하다.

나 역시 멘토가 필요할 때 업계 최고의 사람들을 찾아다녔다. 대면하고 배울 기회를 얻지 못해도 괜찮다. 그 마음만으로도 충분한 동기부여가 된다. 나는 그때 만나 도움받은 선배들을 아직까지 만나고 있다. 선배들이 상상한 것보다 훨씬 더 성장해 있는 지금도 그분들이 나의 멘토였다는 사실에는 변함이 없다.

멘토를 찾을 수 없다면 적극적으로 주변의 도움을 받아야 한다. 그 또한 없다면 일정 비용을 지불하고 컨설팅이라도 받아야 한다. 도움을 받는 일에 두려움을 가지면 안 된다. 오히려 적극적으로 멘토를 찾아다녀야 한다. 요즘은 멘토로 삼고 싶은 사람과 얼마든지 대화가 가능하다. 만날 방법이 제한적이었던 예전과 달리 지금은 SNS 등 여러 소통 창구를 통해 손쉽게 접근할 수 있다. 만나서 구체적으로 요구하고 질문하라. 여러 번 끈질기게 노크하면 대부분 답이 나온다. 한 방울의 물도 끊임없이 떨어지면 바위를 뚫는다. 인생도 마찬가지 아닐까?

WEEK-3

과녁 없이 쏜 화살

기업에서 흔히 사용하는 스와트(SWOT) 분석을 통해 자신의 장단점을 정확히 파악하는 시간을 가져 보자. 스와트 분석이란 기업 내외의 환경을 파악해 마케팅 전략을 수립하는 기법으로 강점(Strength), 약점(Weakness), 기회(Opportunity), 위협(Threat)의 첫 글자로 만들어진 용어다. 스와트 분석을 할 때는 몇 가지 핵심 질문을 던지고 그에 따른 해답을 찾기 위해 노력해야 한다. 이를 자신에게 적용해 보자.

첫째, 나의 강점은 무엇이고 약점은 무엇인가?
둘째, 내가 가진 우호적인 조건과 기회는 무엇인가?

셋째, 내가 키우거나 배워야 할 역량은 무엇인가?

넷째, 내가 무엇인가를 시작했을 때 가장 방해되는 위협 요인은 무엇인가?

최소 1년 동안 노트나 수첩에 위 네 질문(강점, 기회, 약점, 위험 요소)과 그에 대한 답을 작성해 보자. 자신을 하나의 기업이라 생각하고 나를 어떻게 운영할 것인지 판단해 보는 것이다. 자신을 제대로 운영하기 위해서는 현재의 상황을 정확히 아는 것이 중요하다.

위의 네 질문에 대한 대답을 냉정한 분석 끝에 적었다면 이번에는 올해의 목표와 위시 리스트를 적어 보자. 직장에서 또는 가정에서 이루고 싶은 것도 좋고 여행, 사랑, 일, 개인적인 성취 같은 것도 좋다. 충분히 리스트를 작성한 다음 한 해를 보내면서 한 달에 한 번쯤 위시 리스트에서 성취한 것들을 지워 나가자. 장담하건대 연말쯤에는 위시 리스트에서 지운 것이 의외로 많다는 사실에 놀랄 것이다.

나는 남들이 바라는 상(相)에 맞춰지기 위해 태어난 사람이 아니다. 하지만 대부분이 부모가 원하는 사람 혹은 남들 눈에 성공한 것처럼 보이는 사람이 되려고 한다. 이래서는 내가 어떤 사람이 되고 싶은지 알 수 없고 그에 따른 목표도 설정할 수 없다. 나의 과녁이 정해져 있지 않은데 화살을 쏘는 것이 무슨 의미가 있겠는가? 과녁

없이 쏜 화살은 누군가를 다치게 할 수 있는 위험 요인에 지나지 않는다.

나 역시 과녁 없이 쏜 화살처럼 앞만 보고 달려간 적이 있었고 넘어지기도 했다. 그때 신앙에서 나를 찾아 헤맸다. 과정은 순탄치 않았다. 당시 나는 '왜 태초에 천지를 창조하셨는가? 말씀으로 창조하셨다는데 말씀에 힘이 있나? 만화영화도 아닌데 빛이 있으라 했더니 빛이 있었다는 게 말이 되나?'라는 의문과 의구심을 품고 지냈다. 『성경』 한 줄 읽고 넘기는 것도 힘들었다. 신앙이 없는 사람들은 이해하지 못할 이야기일지도 모르지만 매 순간 의문과 의구심이 찾아들면서 앞으로 나아가지 못하게 한다는 의미에서 별반 다르지 않은 상황이었다.

힘들다는 이유로 나를 찾는 것을 포기하면 매번 같은 고민을 반복할 수밖에 없다. 나는 나 자신을 찾아 헤맬 때 여행을 핑계 삼아 혼자 있는 시간을 가졌다. 나를 객관화하는 작업이었다. 지금도 객관화 작업을 하고 있으며 앞으로도 계속할 예정이다. 나도, 나를 둘러싼 상황도, 환경도 계속 변하기 때문이다. 그럴수록 나를 되돌아보고 나를 명확히 아는 것이 중요하다.

사람들은 앞으로만 나아가려고 한다. 되돌아보거나 약점과 마주치는 것을 두려워한다. 나도 한때 그랬다. 하지만 성능 좋은 액셀러레이터를 타는 것보다 중요한 건 기능 좋은 브레이크다. 앞으로 나가려는 성질만큼이나 멈춰 뒤돌아볼 줄도 알아야 한다. 자신을 명확하게 파악하고 그에 따른 강점과 약점을 알고 나면 위기인 동시에 기회가 찾아온다. 상황을 재해석할 수 있는 힘이 생긴다. 위기를 기회로 보는 눈을 확보하면서 통찰력이 생긴다.

　신입 사원의 상황을 예로 들 수 있다. 신입 사원은 회사 생활을 해 보지 않았기 때문에 회사에 대한 두려움이 있다. 하지만 그 두려움을 극복했을 때 무궁한 기회의 장이 열린다.

　나는 이러이러한 약점이 있는데 과연 그 일을 해낼 수 있을까? 라는 두려움을 뒤로하고 일단 시도해 보자. 마음에 드는 여인을 만났을 때 거절당하더라도 일단 대시해 봐야 일말의 가능성이라도 생기듯 말이다. 시도하지 않으면 언제나 가능성은 제로다. 로또도 마찬가지다. 로또에 당첨될 확률은 814만 분의 1이라고 한다. 로또를 사지 않는 편이 현명할까? 각자가 판단할 일이지만 사지 않는다면 확률은 제로다. 1,000원을 투자해 복권을 산다면 814만 분의 1의 확률이라도 생긴다. 과하지만 않다면 호기심을 가지고 시도해 보는 편이 훨씬 낫다고 생각한다. 작은 확률에 두려움을 갖지 말자.

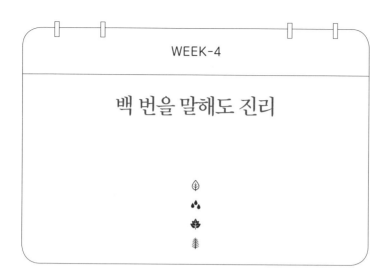

WEEK-4

백 번을 말해도 진리

일을 그만두면 더 건강해질 것 같지만 내 경우는 아이러니하게도 일할 때가 더 건강했다. 개인적으로도 건강 때문에 본의 아니게 쉬어 본 적이 있는데 그때 더 아팠다. 신기하게도 몸이 아프다가도 강의를 하고 나면 컨디션이 좋아진 적이 많다. 열이 40도를 오르내리는데도 일을 하면서 치유된 적도 있다.

한 번은 장염에 걸려 오전까지 링거를 꽂고 있어서 오후에 예정된 강의를 취소해야 했다. 하지만 취소하기보다 내 상황을 청중에게 알리고 할 수 있는 한도 내에서 힘을 다해 보기로 했다. 강의장에 도착해 청중에게 "제가 좀 많이 아파요. 여러분이 기를 좀 주시면 강의를 마칠 수 있을 것 같은데 기 좀 나눠 주시겠어요?"라고 했다. 그

랬더니 사람들이 힘차게 박수를 보내 줬다. 그 덕분인지 신기하게 강연 내내 아프지 않았다. 아침에는 아무것도 하지 못했는데 사람들과 대화하면서 에너지가 생겨난 것이다.

어디 그뿐일까? 마음을 달리하면 일도 얼마든지 즐거워진다. 몸으로 하는 기능직이나 생산직도 납품을 해야 한다고 생각하면 힘들지만 장인 정신을 갖고 일하면 한결 행복해질 것이다. 내가 만든 너트와 볼트가 어느 구조물을 지을 때 쓰이고 그 거대한 구조물을 안전하고 깔끔하게 완성시킨다면? 만약 그 구조물이 서해대교 같은 거라면? '이 다리를 만드는 데 내가 일조했다'는 생각이 들면서 얼마나 뿌듯하겠는가?

반면 언제까지 납품하고 끝내야 한다는 의무감이 더해지면 노동으로 받아들이게 되고 그러면 더 힘들어질 게 뻔하다. 보람은 없고 짜증만 날 테니 말이다. 하나라도 빨리 만들어 납품 기일을 맞춰야 한다는 생각이 지배하면서 가짜와 불량품이 나올지도 모른다.

만약 나도 사람 만나는 것을 일로 생각했다면 힘들어서 포기했을지 모른다. 습관으로 하는 것도 한계가 있다. 그런 면에서 즐기면서 헤야 롱 런이 가능하다.

내가 즐기지 못하면 결코 내 것이 될 수도 없고 성과로도 이어지지 않는다. 일을 하면서 지치기 마련이니 풍요로운 삶을 기대할 수도 없을 것이다. 건강은 두말할 것도 없다.

　즐기는 것도 노력하면 가능하다. 이럴 때 필요한 건 생각과 태도의 전환이다. 생각만 달리하면 돈이 넉넉하지 않은 사람도 가진 것들로 충분히 즐거움을 느낄 수 있기 때문이다. 아픈 데 없이 신체가 건강한 것도 행복이고 즐거움이다. 긍정적인 마인드를 가진 것 역시 행복이고 즐거움이다. 즐길 거리는 어디에나 있다. 내가 찾기 나름이다.

FEBRUARY

2월

내 인생의 정답

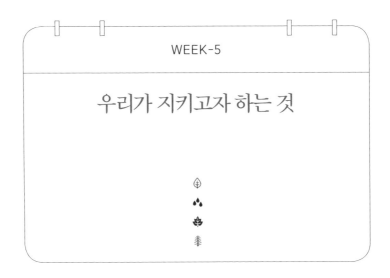

WEEK-5

우리가 지키고자 하는 것

우리는 가끔 이 일을 왜 시작했고 왜 하고 싶었는지를 잊어버리곤 한다. 왜 이 일과 관련한 공부를 하려고 했는지, 왜 이 관계를 가지려 했는지 초심을 기억하기보다 현상에 대한 이야기만 하려 한다. 집은 사람이 사는 곳인데 집값이 얼마나 올랐는지에만 관심을 갖거나 심리학을 공부하고 싶었지만 시험 점수가 좋으니 의대에 진학하는 식이다. 손가락으로 달을 가리켰더니 손가락 얘기만 하는 꼴이다. 어쩌면 우린 본질을 잊어버리고 중요하지 않은 것에만 치중하고 있는지도 모른다. 중요한 것은 본질에 있는데 말이다.

본질을 털어놓고 허심탄회하게 대화를 나눌 때 관계도 잘 풀리고 일도 더 잘되는 경우를 많이 봤다. 직원과 대화를 나눌 때도, 고객을 만날 때도 그렇다. 고객의 서명으로 내가 얼마를 벌게 된다는 건 본질이 아니다. 상대와 그의 가족을 생각하는 마음이 본질이다. 손바닥으로 하늘을 가릴 수 없는 것처럼 본질도 가려지지 않는다. 내가 어떤 마음으로 대하는지 상대도 알고 있기 때문이다.

남녀 사이에서도 겉모습이 멋지고 화려하다는 이유로 접근하면 그 관계는 오래가지 못한다. 그럼에도 요즘은 사람의 됨됨이보다 그가 가진 스펙에 더 많은 관심을 가진다. 일부러 본질적이고 깊은 만남을 피하기도 한다. 복잡해지고 책임이 따르는 관계를 원하지 않는 것이다. 많은 사람이 겉모습을 본질로 착각한다. 화장품, 성형, 미용 등 겉모습을 꾸며 주는 산업이 불황을 모르는 이유도 여기에 있다. 하지만 결국 겉모습은 달라진다.

사랑이든, 명예든, 건강이든, 관계든, 신앙이든 내가 진정 지키고자 하는 것이 무엇일까? 이 질문의 답이 바로 신념이고 본능적인 가치다. "본질적으로 지켜야 할 가치와 먹고사는 문제가 대립될 때는 어떻게 해야 하는가?" 누군가는 이런 질문을 할 것 같다. 현실과 타협할 것인가, 타협하지 않을 것인가? 어떻게 하는 게 옳은 판단인가?

이에 대한 나의 대답은 단호하다. 진심으로 소중하게 여기는 것을 지켜 내는 것이 중요하다. 눈 한 번 질끈 감으면 커미션과 돈이 되는 상황에서 자신이 추구하는 가치를 따르는 일이 결코 쉽지 않다는 걸 잘 안다. 하지만 누군가 그랬다. 돈에도 인격이란 게 있다고. 커미션을 쫓으면 당장은 조금 더 돈을 벌지 몰라도 결과적으로는 오래가지 못한다. 그건 당신도 나도 잘 알고 있다.

　세일즈업계에서 본질적으로 지켜야 할 가치관은 고객 사랑, 고객 만족이다. 다양한 제품을 출시하고 끝없이 정보를 업데이트하면서도 결코 변해서는 안 될 절대적 기준점이다.

　조직적인 측면에서는 빌드 업(Build-up), 사람을 성장시키는 리더다. 조직에서도 인재를 양성하는 리더가 되기 위해 어렵게 말을 꺼내 같이 밥도 먹고 회의도 한다. 물론 방법은 이 외에도 여러 가지가 있을 것이다. 나는 유튜브에서 복잡한 내용을 쉽게 설명해 주는 강사를 보고 리더의 역할을 깨닫기도 한다. 리더는 복잡한 자료를 보다 일목요연하고 간단하게 정리할 수 있어야 한다고 말이다. 에이전트가 쉽게 활용할 수 있도록 다양한 정보를 제공하는 것도 리더나 지도자의 역할이다. 하지만 목적은 하나다. 그 사람을 성장시키는 것. 어떤 것이든 정체되어 있으면 결국 썩은 물이 될 수밖에 없다. 그렇다고 변화가 아닌 변질이 되어서는 안 된다. 물은 물맛을 잃어버리는 순간 먹지 못하는 물이 되고 만다. 물을 정제시킬 수는 있지만 속성을 버리는 순간 물은 더 이상 물이 아니다.

많은 우여곡절을 겪으면서 다행히 지금껏 이겨 낼 수 있었던 이유도 신념을 지키면서 변화했기 때문이라고 나는 나 스스로 믿고 있다. 변화를 위한 변화가 아니라 기본기를 지키며 그 안에서 변화를 추구하고자 했다. 돈을 추구하기 위해 영업을 했다면 지금의 나는 없었을 것이라고 나는 확신한다. 가치를 전달하는 일, 그 가치를 믿었기에 지금의 내가 있다.

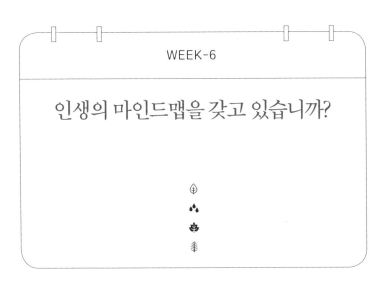

WEEK-6

인생의 마인드맵을 갖고 있습니까?

실제 공사에 들어가기 전에 반드시 필요한 것이 있다. 설계도와 조감도 등 계획을 담은 도면이다. 지형을 보고 완성하고 싶은 건물이나 도로를 미리 구상해서 도면을 만들어야 어떤 자재가 얼마나 필요한지, 공사에 필요한 인원은 몇 명인지, 공사 기간은 어느 정도 걸릴지, 그 과정에서 어떤 조치를 취할지를 알 수 있다. 다른 일을 할 때도 마찬가지다. 하고 싶은 일을 미리 예측하고 정리하고 기록해야 한다. 비록 낙서일지라도 기록하고 정리하다 보면 생각이 깊어지고 의미가 진해진다.

정리하고 기록하는 습관은 정말 중요하다. '나중에 적어야지' 혹은 '기억해 뒀다가 나중에 실행에 옮겨야지' 하고 생각으로만 그치면 나중에는 그것을 잊어버렸다는 사실까지 잊는다. 번뜩 떠오르는 생각이나 아이디어는 신선한 야채나 아이스크림과 같아서 당장 저장해 두지 않으면 녹거나 시들고 만다. 정작 필요할 때 사용할 수 없는 것이다.

어떤 아이디어든 떠오르는 즉시 메모하고 행동으로 옮길 수 있게끔 가능한 한 빨리 처리하는 습관을 가져 보자. 누군가 만나고 싶을 때는 곧바로 연락하는 일도 포함된다. 지금 떠오른 생각을 '이따 해야지'라고 미루는 일은 없어야 한다. 웬만하면 그 즉시하는 데 답이 있다. 좋은 아이디어는 곧바로 행동으로 옮기고 좋은 기획이 떠오르면 즉시 현장에 접목시키는 데 답이 있다. 그래야만 기회가 온다. 실제로 글을 써야만 현실로 이뤄지는 일투성이다.

회사에서도 마찬가지다. 큰 프로젝트를 진행할 때도 평소 머릿속으로 생각한 것을 하나하나 문서로 작성해 뒀기에 가능한 부분이 많았다. 단순하게 업무를 지시하거나 컨설팅의 도움을 바라기보다는 필요성을 직접 인식하고 생각을 작성하고 논의하기를 반복했다. 모든 상황을 여러 차례 따져본 뒤 실행하며 큰 틀을 완성했다.

결과적으로 그런 과정으로 만들어진 결과물 덕분에 구성원의 참여도도 높아지고 각자의 R&R−역할(Role)과 책임(Responsibility)−

도 뚜렷해졌다.

　우리 삶도 마찬가지다. 내가 되고자 하는 나를 목적지로 설정하고 그 목적지를 향해 전략적으로 나아가야 한다. 다시 말해 내 인생의 방향을 설정하고 가는 것이다. 마치 내비게이션에 도착할 목적지를 입력하듯 말이다. 인생에서도 방향 설정을 위한 마인드맵이 필요한 이유다.

　지점과 지점 사이 가장 빠른 길은 직진이다. 하지만 인생에 직진이란 없다. 인생은 굽이굽이 휘어진 에스 자 코스다. 모퉁이를 돌면 어떤 길이 나올지 알 수 없다. 하지만 내가 갈 길의 마인드맵을 설정하면 방향을 잃지 않고 나아갈 수 있다. 고속도로를 탈 수도 있고 지방 도로를 탈 수도 있고 먼지가 흩날리는 시골길을 달릴 수도 있다. 한계령처럼 지나치게 굽이굽이 휜 길을 가면 지치고 힘이 들겠지만 적절한 굽잇길은 속도를 늦춰 주고 경치를 바라보며 즐기게 해 준다. 그때그때 필요한 것이 무엇인지는 스스로 판단하면서 가야 한다.

　인생의 마인드맵을 매일, 매주, 매달, 매년 점검해 보자. 나의 경우는 매일 많은 사람을 만나기 때문에 전날 밤 일정을 확인하고 아침에 다시 한 번 생각하는 일을 습관처럼 실행했다. 그러고는 오늘 만나는 사람과 어떤 이야기를 할까를 계획했다. 그렇게 하면 매주, 매달, 매년 실적과 인맥이 쌓인다. 당신도 나와 같이 한다면 내가 걸어온 길이 보이고 분명 거기서 앞으로 나아갈 힘을 얻을 것이다.

WEEK-7

그림을 그려 봅시다

집을 그려 보라고 하면 사람들은 보통 삼각형 지붕을 그린 다음 그 아래 사각형을 그리고 마지막으로 사각형 문이나 격자무늬 창문을 그려 넣는다.

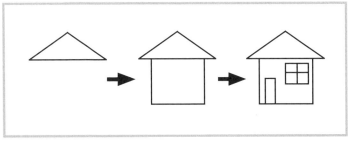

[이미지 2] 집을 그리는 과정

하지만 진짜 집을 짓는다고 가정하면 분명 순서가 완전히 달라질 것이다. 먼저 땅을 파고 다져서 기반을 잡은 다음 기둥을 세우고 창문을 만든 후 지붕을 올릴 것이다. 실제는 지붕을 가장 나중에 그려야 하는 것이다.

일도 그렇다. 제대로라는 명제 아래 놓으면 일의 프로세스도 완전히 달라진다. 관계든, 일이든, 사람이든 성과를 얻기 위해서는 정확한 프로세스에 입각해 집을 짓듯 움직여야 한다. 이때는 결코 서두르면 안 된다. 최소한의 공정 과정에 반드시 소요되는 시간이 있는 법이다. 일에도 사람에게도 비등점이란 게 있다. 끓는 시간이 필요하다.

제아무리 좋은 주식이라도 하루아침에 상장 가격의 몇 십 배가 오르는 일은 없다. 오랜 시일을 두고 상승과 정체를 반복하다 어느 시점을 지났을 때 오름세를 그린다. 일종의 예열 과정이다. 별다른 변화가 없는 것처럼 보이다 어느 순간 비등점이 되어서 끓는다.

누군가는 이렇게 생각할 수도 있다. '지붕부터 집을 짓는 사람이 어디 있겠어?' 물론 집을 짓는 과정에서 그런 일을 벌이는 사람은 없다. 하지만 일할 때는 순서가 왜곡된 그런 일이 일어난다. 오히려 지붕부터 짓는 사람이 상당히 많다. 집을 빨리 지어 원하는 결과와 성과를 빨리 내고 싶은 것이다. 하지만 서두르면 폐해가 뒤따르기 마련이다. 서두르는 만큼 시간과 노력이 절약되는 것 같지만 만족스러운 성과로 이어지지 않기 때문에 결국 시간과 노력을 허투루 쓴 꼴이 되어 버리고 만다. 결국은 기초공사다.

그렇다면 어떻게 해야 기초공사를 잘했다는 얘기를 들을 수 있을까? TPO 즉, 때(Time)와 장소(Place)와 상황(Occasion)이 맞아야 한다. 아무리 훌륭한 옷이나 말, 행동이라도 TPO가 맞지 않으면 가치를 발휘하지 못한다. 트레이닝복을 입고 결혼식이나 장례식에 간다면, 정장을 입고 운동하러 간다면, 세 살짜리 아이 앞에서 경영에 관한 훌륭한 연설을 한다면, 결혼박람회에 모인 고객들 앞에서 싱글 라이프에 대한 홍보를 한다면 얼마나 우스꽝스럽겠는가!

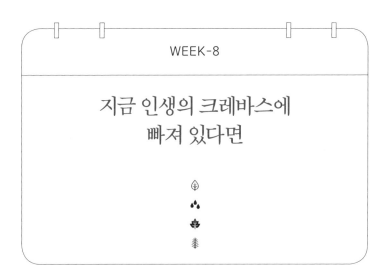

WEEK-8

지금 인생의 크레바스에
빠져 있다면

종종 우리 삶을 마라톤이나 등산에 비유한다. 아무도 대신 달려 주거나 올라가 주지 않는 힘들고 험난한 여정이기 때문이다. 살다 보면 누구나 인생의 크레바스를 만난다. 크레바스는 빙하가 갈라져 생긴 좁고 깊은 틈으로 폭이 넓을 수도, 좁을 수도, 깊이가 깊을 수도, 깊지 않을 수도 있다. 그래서 빙하 방문객들이 가장 조심하는 기본적인 주의 사항이기도 하다.

크레바스를 우리 삶으로 끌어오면 사업에 실패하거나 죽을 고비를 넘기거나 믿었던 사람에게 배신당하거나 경제적으로 어려움에 처한 경우에 비할 수 있다. 이뿐인가! 억울한 일을 당하거나 너무 힘든 일을 해내야 할 때에도 비할 수 있다.

좁고 깊지 않은 크레바스에 빠졌다면 양팔이나 양발에 힘을 주고 빠져나올 수 있다. 하지만 조금이라도 넓고 깊은 크레바스에 빠지면 목숨을 잃을 수도 있다. 그래서 빙벽을 오르거나 눈과 얼음으로 뒤덮인 히말라야 같은 산을 오르는 사람들은 아이스 바일이나 등산화 바닥에 있는 아이젠 혹은 크램폰을 이용해 크레바스에서 빠져나온다.

우리 삶에서도 고난의 크레바스에 빠졌을 경우 도구가 필요하다. 인생의 크레바스에서 나를 구해 줄 도구는 평소 자신의 삶의 태도다. 남이 주는 게 아니라 애초에 갈고닦아 둔 내면에 있다.

성룡이 주인공으로 나오는 〈취권〉이라는 영화를 보면 무술을 배우러 온 성룡에게 가장 먼저 스승이 시킨 건 물을 길어 오는 일이었다. 산꼭대기 오두막에 사는 스승은 제자를 매일 산 아래로 내려보냈다. 성룡은 끼니마다 산 밑으로 내려가 한 끼 식사에 꼭 필요한 물을 길어 와야 했다. 그것만으로도 하루가 지나갔다. 당연히 세 끼는커녕 한 끼 먹는 데도 급급했다. 그런데 매일 하다 보니 점차 속도가 붙었고 어느덧 하루에 세 번을 수월하게 오르내릴 수 있게 되었다. 하지만 권법 전수는 뒷전인 스승의 태도에 슬슬 화가 난 성룡은 어느 날 스승에게 이렇게 말했다.

"그동안 내가 무엇을 배웠는지 모르겠어요. 권법은 왜 안 가르처 주는 겁니까? 이따위 물 긷는 일 이제 그만두겠습니다. 무술이고 뭐고 그만 떠나겠다는 말입니다!"

그 말에 스승은 통나무를 가져다 놓고는 "이 통을 발로 차 보아라!"라고 말했다. 성룡은 화풀이도 할 겸 통나무를 툭 하고 걷어차 버렸다. 그러자 통나무가 두 동강으로 쪼개지며 저 멀리 날아갔다. 그 전까지는 아무리 차도 금 하나 가지 않던 통나무였다. 매일 물통을 지고 산을 오르내리는 동안 강하게 단련된 것이다.

영화는 그 후 성룡이 취권을 터득해 가는 내용으로 흐른다. 만약 손발로 통나무를 쪼갤 정도로 기초 체력이 단련되어 있지 않았다면 취권이 그만큼의 파괴력 있는 권법이 될 수 있었을까? 결코 아닐 것이다. 기초 체력을 강화해야 그 위에 얹은 테크닉이 빛을 발한다는 것은 동서고금의 진리다. 권법이 아닌 기초 체력이 필요하다고 판단한 스승처럼 어떤 일을 시작할 때도 결과를 욕심내기보다 태도를 갖추는 일이 먼저 아닐까? 우선순위를 가려내지 않으면 성공할 수 있을까?

그렇다. 우리에게도 기초 체력이 먼저다. 그 기초 체력을 만들기 위해서는 프로세스를 만드는 일이 우선이다. 이루려는 목표만 바라볼 게 아니라 전 과정을 구체적으로 분석할 때라야 오늘 내가 할 일이 무엇인지 명확히 알 수 있다. 이 과정을 통해 분석하고 잘게 쪼개 매일, 매 분기, 매년을 재설정하는 것이다.

예를 들어 영업으로 연봉 1억을 벌고 싶다고 치자. 그렇다면 하루에 몇 명을 만나야 할까? 계산해 보면 나온다. 1건에 내가 받는 커미션이 100만 원이라고 하자. 1건에 100만 원이라면 1년에 100건을 성사시켜야 연봉 1억을 달성할 수 있다. 100건을 열두 달로 나누면 한 달에 8건이 된다.

한 달에 8건을 계약하려면 몇 명을 만나야 할까?

프레젠테이션 클로징을 몇 명에게나 해야 할까?

일반적으로 노련한 경력자라면 30퍼센트 정도, 즉 3명에게 프레젠테이션 클로징을 하면 1건의 계약으로 이어진다. 전문가라는 가정 아래 8건의 보험을 계약하기 위해서는 24명을 만나 클로징을 해야 한다는 얘기다. 24명에게 클로징을 하기 위해서는 적어도 두 배수인 50명을 만나야 하고, 50명을 만나기 위해서는 150통의 전화를 걸어야 한다. 월간 150통을 걸기 위해서는 일주일에 적어도 4, 50통은 전화해야 한다. 주 5일 근무라고 했을 때 하루에 8~10통은 걸어야 한다는 결론에 도달한다.

연봉 1억을 벌고 싶은 사람에게 다시 질문해 보자.

"당신은 하루에 예비 고객에게 열 건의 전화를 하는가?"

물론 나중에는 하루에 10통의 전화를 걸 필요가 없다. 훈련을 통해 기초 체력이 늘어나듯 프로세스를 믿고 자기 나름대로 훈련하다 보면 성공률이 높아지기 때문이다. 세 명 중 한 명이 보험 계약서에 사인하던 것이 나중에는 두 명 중 한 명이 되고, 세 명 중 두 명이 되고, 네 명 중 세 명이 된다. 전화를 10통 하면 8명이나 9명에게 클로징을 할 수 있게 되고, 8명을 만나면 6건의 계약이 나온다. 실력이 늘어나고 내공이 쌓이는 것이다.

'I believe that's the nice thing you've ever sell to me(난 그게 네가 나에게 팔았던 멋진 일이라고 믿어).'

나는 영어를 잘하지 못한다. 그럼에도 이 문장 하나만큼은 달달 외워 친구들에게 말하고 다녔다. 친구들은 내게 "와우, 영어 정말 잘하는구나!"라는 찬사를 보내기까지 했다.

사람들과 대화할 때도 가끔 이 문장을 써먹었다. 그들 역시 같은 반응을 보였다. 나는 상대방에게 물었다.

"내가 이 문장을 어떻게 이렇게 유창하게 그리고 빨리 할 수 있었는지 알아?"

대부분의 사람이 말했다.

"영어를 잘하시니까요."

하지만 누누이 말했듯 나는 영어를 잘하지 못하고 영어는 내 약점이다. 그럼에도 이 문장을 빠르고 정확하게, 완벽하게 발음할 수 있는 이유는 단 한 가지다. 이것만 수없이 반복적으로 훈련했기 때문이다. 그러자 어느 순간 원어민처럼 발음하게 되었다. 흉내를 넘어선 것이다. 내가 이 문장을 직원들에게 말한 이유 역시 반복적 인 훈련의 효과를 강조하기 위해서였다. 어느 하나를 반복하거나 습관으로 하는 것이 얼마나 커다란 효과를 내는지 내 스스로 보인 셈이다.

연습은 재능을 이긴다고 했다. 운동이든, 언어든, 관계든, 어떤 것이든 반복적으로 훈련하면 흉내를 넘어 재능을 넘는 실력이 된다 는 얘기다.

JANUARY

FEBRUARY

MARCH

APRIL

MAY

JUNE

JULY

AUGUST

SEPTEMBER

OCTOBER

NOVEMBER

DECEMBER

MARCH

3월

내 안에 잠든
성공 깨우기

WEEK-9

당당하게, 실패의 날

피겨스케이팅 선수가 고난이도 점프에 성공하기까지, 역도 선수가 자기 체중의 서너 배나 되는 바벨을 들어 올리기까지, 과학자가 뭔가를 발명하거나 연구해 내기까지, 어린아이가 똑바로 걸을 수 있게 되기까지 그들은 수백 번 혹은 수천 번을 일어섰다 넘어지기를 반복한다. 그렇다면 무엇이든 그것을 이루는 과정에서 실패 없이 단 한 번에 성공적으로 완수하는 게 가능할까?

물론 가능하다. 단 한 번의 실패 없이 처음 시도에서 성공하는 사람도 적지 않다. 그렇다면 그들은 과연 기쁘고 행복할까? 당장은 그렇겠지만 나중에는 결코 아닐 것이다.

실패와 시련은 사람을 단련시킨다. 고강도의 금속뿐 아니라 사람이 성공하는 데도 담금질이 필요하기 때문이다. 뜨거운 불 속에 달궜다가 급랭시키는 과정에서 철의 강도가 강해지듯 사람도 실패를 딛고 일어서는 과정에서 내공이 생겨서 더 강해지고 더 많은 것을 할 수 있다. 실패에서 많은 것을 배우는 사람일수록 더 많은 것을 이뤄 낼 수 있다.

　최근에 나는 실패의 날을 정했다. 실패해도 되는 날이 아니다. 실패를 방지하기 위한 나름의 노력을 하는 날이자 내 실패를 다른 사람들과 공유해 함께 성장하는 날이다.

　누구나 '이렇게 하지 말았어야 했는데' 하는 후회가 든 적이 있을 것이다. 자신이 정한 룰을 어기고 주식 거래를 해서 손해를 봤거나 불필요한 물건을 구매한 일이다. 때론 남에게 해서는 안 되는 말을 했거나 업무에서 미성숙한 결정을 내리는 일도 포함된다.

　실패는 성공의 어머니라는 말은 실패를 해도 괜찮다는 뜻이 아니다. 실패를 단순히 반복하라는 말은 더더욱 아니다. 실패를 되돌아보라는 의미로 실패를 돌아보고 성찰을 거듭해서 저점을 높였을 때 비로소 성공이 가까워질 수 있다는 뜻을 함유하고 있다.

　이런 실패는 타인들과 공유하는 게 바람직하다. 나는 직장에서 업무와 관련한 실수는 직원들과 항상 공유하려고 노력한다. "내가 지난번에 이런 행동을 했는데 잘못한 것 같다. 그래서 이런 생각을 했다"는 것을 직원들에게 공개적으로 밝히는 것이다. "자네들 같으면 그럴 때 어떻게 했을까?"라고 묻기도 하는데 그럴 때면 "저라면 이렇게 했을 것 같아요"라고 답을 해 주기도 한다. 이런 뜻하지 않은 답에서 새로운 통찰력을 얻기도 한다. 때로는 참신한 아이디어가 떠오르기도 하는데 이럴 때면 '가르치면서 두 번 배운다' 혹은 '가르치는 것이 곧 배우는 것이다'라는 말이 되새겨진다.

덤도 있다. 직원들과 생각이나 견해를 공유하다 보면 커뮤니케이션이 원활해져 실수를 미연에 방지할 수 있다. 여러 사람과 여러 번의 미팅을 통해 의견을 나누다 보면 문제를 여러 관점에서 보게 되고 생각지 못한 부분에 대한 리스크를 줄여 나갈 수 있다. 또한 은연중에 미팅 과정에서 흘린 약속을 누군가 잊지 않고 챙겨 주는 일도 발생하곤 한다. 크든 작든 고마운 일임엔 분명하다. 의도하지 않게 주변에서 내 업무에 대한 메모를 건네받는 기분이다.

누군가에게 말하고 나서 그걸 잊어버리면 약속을 지키지 않은 것이 되고 어떤 전략을 세웠는데 하지 않으면 실패한 것이 되고 만다. 실패를 나누고 공유한 덕분에 서로가 서로를 실패로부터 미연에 방지할 수 있게 돕고 있다. 나 역시 내 실수를 솔직하게 털어놓는 만큼 그들이 리더가 될 수 있도록 조언하고 말투, 태도 등 개선할 부분을 진심으로 말한다. 서로 실패를 덜고 원-윈 하는 관계가 되어 가는 것이다.

사실 누군가에게 조언이나 충고를 할 때는 항상 조심스럽다. 상대가 내 말을 어떻게 받아들일지 모르기 때문이다. 그럼에도 불구하고 누구한테나 필요한 게 조언이다. 다른 분야도 마찬가지겠지만 영업을 하고 회사를 운영한다는 것은 넓디넓은 사막을 건너는 것과 같다. 자신의 감만 믿고 앞으로 직진한다면 길을 잃고 헤매게 된다. 모래바람에 지형이 바뀌는 탓에 곧장 걸어가도 방향이 어긋나기 마련이다. 나침반을 보고 방향을 바로잡아야만 사막을 건널 수 있다.

우리 삶에서 사막의 나침반과 같은 역할을 하는 게 바로 조언과 충고다. 조언과 충고는 동전의 앞뒤 면처럼 양면성이 있다. 조언이라는 형식과 힘을 빌려 하고 싶은 말만 하는 부분과 진심으로 상대를 위해 조언해 주는 부분이 공존한다.

진심을 다한다지만 상대를 위해 하는 조언도 과하면 기분을 불쾌하게 만들기 일쑤다. 자칫 잘못하면 과하고 너무 말을 안 하면 예스맨이 되니 그 경계가 애매하고 어렵다. 특히 아랫사람이 윗사람에게 충고를 해야 할 때는 더더욱 난감하다. 이럴 때는 리더가 먼저 허심탄회하게 이야기할 수 있는 장을 만들어야 한다.

"나도 이런 실수나 실패를 할 수 있고 충분히 잘못할 수 있어. 자네들도 그렇지 않나? 서로 터놓고 이야기를 나눠 보자고."

리더가 먼저 자신의 부족한 부분을 오픈해야 자연스럽게 상대의 실수를 지적하고 그 실수를 바로잡을 수 있는 기회를 가질 수 있다. 만약 어느 누구도 실수에 대해 조언하지 않는다면 자칫 독선과 아집으로 실패를 키울 수 있다. 조직의 리더가 "내가 방향을 잘못 설정했으면 편하게 의견을 제시해 봐" 하고 멍석을 깔아 줘도 그 사람이 충고를 받아들일 줄 모르는 사람이란 걸 아는 한 아무래도 입이 떨어지지 않는다. 그러니 미연에 방지하는 차원에서라도 실패의 날을 정하고 실패에 대해 이야기하는 공유의 시간을 가진다면 한결 나아질 것이다.

언젠가 나보다 연장자인 지점장에게 동료들이 있는 자리에서 "그러다 하반기에 얼굴을 못 볼 수도 있겠어요!"라고 농을 던진 적이 있다. 업무 실적이 낮은 것에 대해 농담 반 진담 반으로 얼결에 던진 말이었다. 그로부터 다섯 시간 후 한 직원이 내게 할 말이 있다며 찾아왔다.

"전무님, 주제넘은 말일 수도 있는데요. 그 지점장이 직책상으로는 아랫사람이긴 해도 연장자인 걸 저희는 알고 있습니다. 그런 저희 앞에서 '못 다닐 수도 있어' 하고 말하는 건 좀 과하지 않았나 하는 생각이 듭니다"라고 말하는 게 아닌가! 나는 그 말을 듣자마자 '아차, 내가 실수를 했구나' 하는 생각이 들었다. 나는 곧바로 "자네 말을 듣고 보니 내가 좀 과했네. 내가 실수한 거야" 하고 말했다.

내가 이렇게 실수를 인정하고 공유하니 직원들도 우리 리더는 잘못을 하면 개선하려고 하는구나 하고 받아들일 건 받아들이고 아니다 싶은 부분에 대해서는 생산적인 조언을 한다. 내가 실수의 날을 제정한 이유도 바로 이런 말을 듣기 위해서다.

'이래도 맞다. 저래도 맞다'고 했다는 황희 정승처럼 도량이 넓다면 받아들이는 폭이 넓겠지만 보통 사람은 충고하는 태도에 영향을 받을 수밖에 없다. 듣기 거북한 말도 아 다르고 어 다르듯이 같은 말이라도 "전무님, 잘못하셨어요. 그렇게 하면 안 되죠!"라고 말하는 것과 "제가 주제넘을 수도 있지만 이것은 이렇게 생각합니다만…" 하고 말하는 것은 완전히 다르다. 전자는 반감이 생기지만 후자는 받아들이고 고치려는 마음이 생긴다.

이처럼 충고와 조언의 말을 건넬 때는 태도와 뉘앙스 등 비언어적인 표현 기술도 중요하다. 툭툭 던지지 말고 태도와 자세, 예의를 갖춰 말해야 한다. 그래야 상대도 진심을 느끼고 기분 좋게 조언으로 받아들인다.

WEEK-10

체인지 매니지먼트

많은 사람이 변해야 한다고 생각한다. 하지만 변화도 관리해야 한다는 생각은 하지 않는 것 같다. 체인지 매니지먼트(Change Management). 관리에 대한 생각을 바꿔 매니지먼트를 계속 혁신시키고 변화시켜야 하는데 말이다.

변화는 머릿속으로 계산한다고 되지 않는다. 자기 자신을 객관화해야 변화가 가능한데 이게 그리 쉬운 일은 아니다. 그렇다면 어떻게 해야 자신을 객관화할 수 있을까? 방법으로 여러 가지가 있을 수 있다. 책을 읽거나 주변 사람들 또는 멘토에게 조언을 얻는 방법 등이다. 혹은 나처럼 동료들과 끊임없이 소통하고 논의하는 것도 한 방법이다.

내가 맡고 있는 직책에서 나는 변화는 하되 흔들리지 않는 확고한 신념과 변화의 기준점이 필요했다. 그리고 논리를 바탕으로 준비된 설득력이 있어야 했다. 큰 조직의 변화를 이끌어야 했기 때문이다. 그래서 체인지 매니지먼트를 주제로 미팅을 10여 차례 시도했다. 위에서부터 밑단 직원에 이르기까지 변화를 단행해야 하는 이유와 방법, 기대 효과, 이를 하지 않았을 경우 생기는 문제에 대해 끊임없이 설득할 방법을 찾고 시도했다. 변화를 함께 이뤄 내야 할 사람들이 한자리에 모여서 변화에 대한 두려움, 저항감, 서로의 고민거리를 모두 테이블 위에 털어놓고 합의점을 찾기 위한 논의를 거쳤다. 이 노력들은 다행히 결실을 맺어 결국 전사적인 공감대를 이끌어 낼 수 있었다. 그렇게 우리 회사는 물리적으로, 소프트웨어적으로 매니지먼트 변화를 단행할 수 있었고 많은 기업이 이 같은 변화를 벤치마킹 하고 있다.

체인지 매니지먼트에서 중요한 것은 바로 변화를 이끄는 주체가 나 자신이 되어야 한다는 점이다. 변화가 두려운 이유는 변화가 나로부터 시작되지 않기 때문이다. 누군가에게 떠밀려서 무언가를 해야 한다는 것은 굉장히 불쾌한 일일 수밖에 없다. 많은 사람이 변화에 저항하는 이유는 본인이 변화해야 할 이유를 느끼지 못하고 주도권을 잃은 채로 상황에 떠밀리기 때문이다.

일상생활에서 예시를 찾아보자. 엘리베이터는 가득 차 있는데 내 뒤의 누군가는 내리고 싶은지 움직임을 보이고 있다. 이때 내가 한 걸음 물러나면 원활하게 타고 내릴 수 있을 것이다. 그런데 나는 가만있고 그 사람을 내리기 위해 나를 민다. 이 상황에서 그 사람도 나도 불쾌한 기분을 느낄 수밖에 없다.

변화라는 녀석도 별반 다르지 않다. 자신이 움직여야 할 이유 즉 동기가 분명하다면 어떤 변화도 이뤄 낼 수 있기 마련이며 스스로 주도할 때 변화가 발전이 된다.

과거에 2차 산업혁명으로 자동차가 대중화되면서 마차가 사라졌다. 그때 변화의 물살에 휩쓸려 사라진 마구 용품 업체가 많았지만 한편으로는 질 좋은 마구 용품 가죽과 정교한 바느질 기법을 가방에 적용하여 세계적인 명품 업체로 발돋움한 기업이 바로 에르메스(Hermes)다. 이런 성공은 바로 변화를 주도하는 체인지 매니지먼트에 성공했기에 가능했다.

기업이 변화를 이룬다는 것은 나 혼자가 아니라 구성원 전체의 노력을 요한다. 우리 가족, 우리 학교, 우리 회사, 우리 사회, 우리나라 등 모두가 주도하는 변화일 때 성공한다. 변화해야 하는 동기가 나 혼자가 아니라 구성원 전체가 되도록 만들어 가는 과정이 체인지 매니지먼트다.

이는 절대 하루아침에 일어나지 않는다. 리더가 흔들리지 않고 변화를 적극적으로 주도할 때 가능하다. 일관성 있는 지속적인 커뮤니케이션을 통해 공동의 동기를 만들어 낸다면 비록 그 과정이 고단하더라도 결국엔 모두가 변화를 성공적으로 이룰 수 있다.

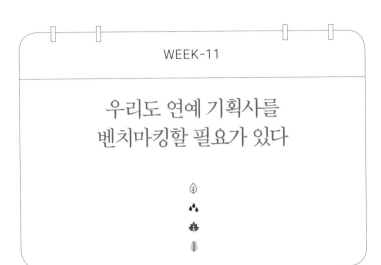

WEEK-11

우리도 연예 기획사를
벤치마킹할 필요가 있다

나는 다른 사람을 성장시키는 데 관심이 많다. 특히 에이전트를 성장시키는 것이 나의 가장 큰 관심사다. 에이전트가 성장할 때 고객도 성장하고 그러면서 서로에게 도움을 줄 수 있는 관계가 만들어진다는 생각에서다. 그러다 보니 에이전트를 가르치는 시간이 많아지면서 따끔한 질책을 하거나 격려하는 일도 많아지고 있다. 더불어 시스템적으로 더 필요한 게 뭐가 있을지를 생각해 보게 되었다.

그러다 떠올린 곳이 바로 연예 기획사다. 대형 연예 기획사에서 스타를 키워 내는 시스템을 보면 체계가 잘 갖춰져 있다. 그 체계 아래 외국어도 잘하고 외모도 완벽하고 운동도 잘하는 아이들이 수시로 등장한다. 갓 아이돌로 데뷔한 10대 소년, 소녀가 스스로를 완벽하게 상품화할 수 있을까? 아니. 연예 기획사에서 스타로 키워 내는 시스템을 구현하고 그 시스템을 통해서 아이들의 재능이 개발되고 상품화되는 것이다.

최근 화제인 그룹이 있다. 바로 빅히트 엔터테인먼트의 방탄소년단이다. 미국 빌보드 차트 메인에서 1위를 기록한 것을 시작으로 세계적으로 센세이션을 불러일으키며 세계 각국에서 음악 차트 1위를 차지했다. 우리나라 국민이 미국 메인 차트 1위를 차지한다는 게 가능할 줄은 몰랐다. 그것도 영어가 아닌 한국어 노래로 말이다.

이것을 가능하게 한 기획사의 체계적인 시스템을 보며 우리도 연예 기획사를 벤치마킹할 필요성을 느꼈다. 물론 글로벌 1등 그룹을 만들어 낸 빅히트 엔터테인먼트만큼 센세이션하진 않지만 내가 이끌던 영업 조직도 글로벌 기업의 전 세계 75개국 지점 중에서 1등을 했을 정도로 힘을 갖췄다. 당시 회사에서도 한국 조직이 어떻게 변화를 만들어 냈는지에 대한 관심이 많았다. 정말 어려웠던 한국 시장에서 어떻게 그 위기를 돌파했는지, 어떻게 이런 밸류를 만들어 냈는지 그 원인과 비결을 궁금해 했다. 이유는 시스템이었다. 배경에는 내가 하고 싶은 대로 믿고 맡겨 준 구성원들이 있었다.

하지만 이 과정에서 발전이 아닌 슬럼프로 향하는 직원들이 있었다. 그렇기에 슬럼프에 빠지지 않도록 해 주는 사내 시스템이 필요했다. 당시 나는 직원들이 무너지지 않도록 돕는 시스템과 명함만 내밀어도 인정해 주는 그런 브랜드를 만드는 데 온통 관심이 있었다.

인생에 오르막과 내리막이 있듯 제아무리 잘나가던 연예인도 위기에 빠질 때가 있다. 바로 이때야 위기 돌파 능력을 여실히 드러내는 게 연예 기획사의 역량이다. 그들은 음주운전, 폭행 등 비난받을 사고로부터 연예인을 방어해야 한다. 거짓말을 제외한 모든 방법으로 어떻게든 그가 재기할 수 있도록 도와야 하는게 연예 기획사다.

바로 이 점에서 회사도 마찬가지라는 생각에 이르렀다. 회사도 슬럼프에 빠진 직원을 건져 주는 역할을 해야 한다. 조직은 조직원을 위해 기꺼이 모든 뒷받침을 해야 한다. 에이전트들이 잘하는 것을 더 잘할 수 있게 하고, 글로벌하게 일할 수 있게 해 주고, 그렇게 한국 세일즈를 전 세계에 알리며 스스로 자긍심을 갖게 하는 일이다.

내 목표는 함께 일하는 사람이 세계 최고의 인재가 될 수 있도록 최선을 다하는 일이다. 세계 최고의 인재를 키우겠다는 목표가 있어야 그나마 인재가 되기 때문이다. 하버드 대학이나 예일 대학을 나온 사람만 세계 최고의 인재가 되는 게 아니다. 자신의 삶을 충실히 살고 작은 행복을 느낄 줄 아는 사람이 진짜 성공한 사람이라고 나는 믿는다. 무엇보다 자신에 대해 만족하는 것이 가장 중요하다.

기억나는 사람이 있다. 이 사람은 처음 우리 회사에 운동화를 신고 백팩을 메고 면접을 보러 왔다. 호감형도 아닌 데다 특출한 면도 없었다. 당시 우리 회사는 재정 면에서 좋지 않았다. 면접관들은 하나같이 그를 뽑지 말자고 했다. 하지만 나는 그에게서 당돌함이라는 장점을 봤다. 작지만 강한 자신감이 있었고 나는 그 점을 높이 샀다. 면접관들의 반대에도 불구하고 "너를 최고의 인재로 만들어 보겠다"며 호기롭게 그를 뽑았다.

일을 시작하고 이 친구는 신입 사원 때부터 원 스타, 투 스타를 달았다. (우리 업계에서는 매주 3건 보험 판매에 성공하면 스타라고 한다.) 그렇게 8주를 이어 오며 한참 기록을 이어 갈 것처럼 보였던 그는 아쉽게도 9주 차에 스타를 놓쳤다. 그는 이에 분하다는 듯이 나에게 "50주는 하고 싶었다"고 말했다. 나는 그를 북돋을 겸 "그래, 50주 해. 그리고 50주 때 나 때문에 50주밖에 못했다고 하고 8주를 돌려 달라고 해"라고 말했다. 신기하게도 그는 내 말을 받아들이고 50주 때 나에게 8주를 돌려 달라고 했다. 말 한마디가 때로는 이렇게 무섭다.

제주도를 개척하겠다 마음먹고 한창 제주도를 돌아다니던 때가 있었다. 지인 중 제주도가 고향인 분이 계셨는데 어느 날 그분이 제주도에 건물을 지으려고 한다며 내 의견을 물었다. 나는 대답 대신 부지런히 부동산을 공부하고 동네를 분석한 다음 그분의 생각에 동의한다고 답을 드렸다. 내 분야는 아니지만 고객이기도 한 그분이 하고자 하는 일이 더 잘되기 바라는 마음에서 한 일이었다.

직원뿐 아니라 고객에게 좋을 일이라면 기꺼이 돕는 것 역시 매우 중요한 덕목이라고 나는 늘 생각한다. 고객이 조언을 구하면 도움을 주고자 나름의 노력을 기울이는 태도 말이다. 주변 사람이 잘되는 것, 이것이 우리의 큰 관심사인 동시에 보람이 되는 건 좋은 일이다.

WEEK-12

단순하게, 긴 말 말고

누구나 그랬겠지만 나 역시 처음 아이폰을 본 순간 놀라움을 금치 못했다. 분명 다양한 기능이 있다고 했는데 화면에는 버튼이 하나만 달랑 있었다. 스타택, 모토로라, 블랙베리 등 기존 휴대폰에는 모두 많은 버튼이 있었는데 어떻게 이렇게 하나의 화면에 깔끔하게 정리했을까? 아이폰은 버튼 하나로 모든 것을 할 수 있다. 평면 안에 필요한 모든 기능과 터치패드를 담아 기존 휴대폰의 고정관념을 깨트리고 손가락 하나만으로 수많은 것을 가능하게 했다. 텔레비전과 컴퓨터에서나 구현되던 영상을 휴대폰으로 볼 수 있다는 사실이 그저 놀랍기만 했다. 휴대폰인지 컴퓨터인지 헷갈릴 정도였다. 처음 아이팟이 등장했을 때도 센세이션했는데 아이폰에 비교하면 아무

것도 아니었다.

이런 단순함은 결국 치밀함의 결과다. 상대를 설득할 때도 이 논리는 적용된다. 상대를 설득하고 이해시키려면 단순하게 이야기할 수 있는 노력이 필요한 것이다.

"약관을 보시고 궁금한 건 제가 알려 드리겠습니다. 그리고 만일 고객께서 늙거나 죽거나 병드는 것을 하나라도 피할 수 있다면 저는 두말 않고 이 자리에서 일어나겠습니다."

이렇게 간결하게 말하면 대부분의 고객이 떠나지 못한다.

그림으로 간단하게 설명하기도 한다.

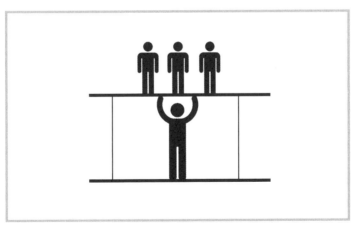

[이미지 3-1] 기둥을 떠받치는 사람

"여기 그림이 있습니다. 가운데 기둥을 떠받치고 있는 사람이 누구 같습니까?"

고객에게 이와 같은 그림을 그려 보이면서 물어보면 대부분 가장이라고 대답한다. 난 그 대답에 이와 같이 질문한다.

"가장이 떠받치고 있는 이 집을 안전하게 유지해 주고 싶지 않으신가요?"

그러면서 이 그림에 하나의 요소를 추가한다.

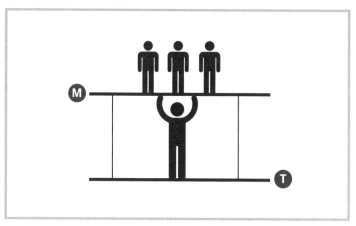

[이미지 3-2] 기둥을 떠받치는 사람+시간과 돈

시간(Time)과 돈(Money)을 적고 이와 같은 질문을 한다.

"이 집을 떠받치고 있는 가장이 힘겨운 짐을 덜고 위로 올라오려면 기둥이 얼마큼 있어야 할까요? 가장인 아빠가 안전한 기둥 위로 올라오려면 얼마나 필요할까요? 아내에게 생활비도 줘야 하고, 노후 자금도 필요하고, 자녀들 교육도 시켜야 하고, 결혼 자금에도 보태야 할 테니 적어도 3억 정도가 필요하다고 했을 때 이 3억을 어떻게 만들 수 있을까요?"

그러고는 다시 고객에게 질문한다.

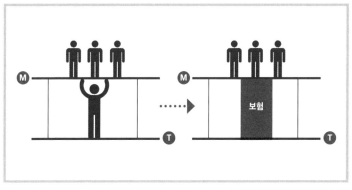

[이미지 3-3] 기둥을 떠받치는 보험

"그럼 한 번 생각해 보세요. 1번 기둥은 은행, 2번 기둥은 증권, 3번 기둥은 부동산, 4번 기둥은 보험이라고 할 때 가장 적은 돈으로 효과적일 수 있는 기둥은 무엇일까요?"

여기서 대부분이 4번 기둥인 보험을 언급하며 고개를 끄덕인다. 자연스레 보험 가입까지 이어진다. 나는 이 간단한 그림 하나로 정말 많은 보험을 판매했다.

설명이 간단할수록 듣는 사람 입장에서는 오히려 설득력이 있다. 그래서 보험에 관해 설명할 때도 간단하게 그리는 것이다. 사실 보험 상품의 약관을 막상 읽으라고 하면 읽는 사람이 얼마나 될까? 무슨 말인지 모르는 어려운 말로 도배되어 있는데! 귀찮음은 둘째 치고 다들 골치가 아프다는 듯이 머리를 싸매기 마련이다.

아이폰이 왜 센세이션했는지를 생각해 보면 답은 금방 나온다. 아이폰에는 단순하고 간단한, 심플한 아름다움이 있었다. 복잡하면 뭔가 그럴싸하고 노력을 많이 한 것처럼 보이지만 실은 나태함의 산물이다. 단순화시키지 않았다는 뜻이다.

유능한 교수나 강사는 어려운 내용을 쉽게 설명하는 기술이 있다. 그들은 상대성이론이나 우주의 신비를 쉽게 설명한다. 만약 복잡하게 설명하는 사람이라면 자기 분야에 대한 연구가 덜 되었다고 봐도 무방하다. 당연히 설명은 안드로메다로 가고 듣는 입장에서는 알아들을 수가 없다.

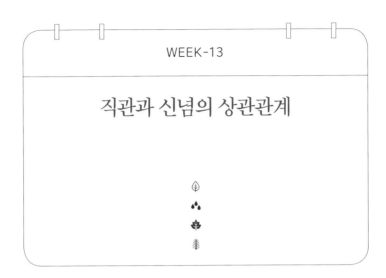

WEEK-13

직관과 신념의 상관관계

수학적인 분석과 통계는 경영이나 사업을 할 때 필요하며 여러 가지로 유의미하다. 그러나 나는 통계보다는 내 직관을 더 믿는 편이다. 직관이 분석과 통계보다 더 무서울 때가 많기 때문이다. 때론 왠지 사기꾼 같은 느낌이 드는 사람이 있는데 나중에 보면 직관이 맞을 때가 많았다. 스펙이나 명함에 적힌 직함상으로는 사기꾼이면 안 되는데 말이다.

통계를 따지면 오히려 역설적인 것이 의외로 많다. 예를 들어 출퇴근 반경이나 패턴, 동선 등을 봤을 때 교통사고가 날 확률이 0.5 퍼센트 혹은 5퍼센트라고 치자. 확률은 적시만 그건 우리나라 총인구 대비일 뿐이다. 0.5퍼센트도 언제든 사고가 날 수 있는 확률이다.

내가 당하면 100퍼센트인 것이다.

　업무를 할 때도 계획대로만 진행되지는 않는다. 임기응변이 필요할 때도 있고 통계와 확률보다는 경험과 본능을 믿어야 할 때도 있다. 매뉴얼대로 처리해야 하는 상황도 있고 직관에 따라 행동해야 하는 상황도 있다. 특히 전략적 사고를 할 때는 정해진 규칙이나 통계상 높은 확률을 따라가기보다 자신의 직관대로 결론을 내려야 후회가 없다.

　예를 들어 보자. 많은 사람이 주식이나 부동산에 대해 나름의 근거를 제시하며 자신의 견해를 피력한다.

　"지금 아파트를 사면 무조건 수억은 벌 텐데."

　"이제 집값은 폭락할 거야."

　"이 주식은 사기만 하면 대박 날 거야. 투자한 사업이 외국에서 아주 잘된다고 하던데."

　이야기를 들어 보면 모두 그럴싸하고 시장 상황도 이들의 말과 비슷하게 흘러간다. 매크로적으로는 맞아떨어지는 이 상황에서 우리가 해야 하는 건 직관대로 판단하는 것이다. 그래야 후회가 없다. 내 직관대로 해서 실패하면 '내가 이런 것을 놓쳤구나. 이런 부분을 보지 못했어. 내가 좀 부족했네' 하고 스스로를 위안하면서 발전의 계기로 삼을 수 있다. 하지만 남의 말이나 분석을 믿고 판단하면 예

상대로 흘러가지 않을 경우 후회하게 되고 그런 의견을 제시한 사람을 원망하게 된다. 때로는 사이가 틀어져서 사람을 잃을 수도 있다.

직관이 중요한 만큼 직관을 성장시키고 싶어 하는 사람도 많다. 다행히 운동신경처럼 어느 정도까지는 노력으로 발전시킬 수 있다. 바탕은 신념이다. 신념이 강할수록 직관을 밀어붙이는 힘도 세진다.

보험업계도 한때 IT 산업의 발달로 디지털 환경이 조성되면서 결국 AI가 대안이고 대면 영업은 사양산업이 될 것이라는 보고서를 많이 받았다. 인공지능이 많은 것을 해결해 주는 환경으로 변화했을 때 우리 업계는 어떤 방향으로 가야 하는지가 담겨 있었다. 스마트폰이 우리 삶을 전반적으로 바꿨듯 IT 산업의 발달과 변화 폭이 우리 산업 전반에 몰고 올 파장 역시 만만치 않아 보였다. 그런 탓에 그런 연구 보고서를 긍정하는 분위기가 형성되었다.

하지만 내 생각은 조금 달랐다. 로봇과 인공지능이 고도로 발달한다면 달라질 수 있겠지만 당장은 실질적으로 눈을 마주치고 호흡하고 숨결을 느끼는 대면 영업의 중요성이 줄어들지 않을 거라는 직관이 있었다. 가수 태양의 노래 〈눈, 코, 입〉 가사처럼 사람의 눈, 코, 입에서 나오는 화학작용이나 숨결은 로봇이 대신할 수 없기 때문이다.

나는 직관이 시키는 대로 대면 영업이 조금 더 격을 갖추고 디지

털이 할 수 없는 것을 보완한다면 경쟁력 있는 대안이 될 것이라고 판단했다. 아무리 인공지능이 대세고 비대면 보험 가입 창구가 늘어나도 여전히 피플 비즈니스가 중요하다고 적극 주장했다. 다르게 본 것이다. 나는 '우리가 갈 길은 항상 있고 우리는 여전히 최고'라고 확신하면서 에이전트들을 고무시키고 이끌어 나갔다.

다행히 나의 직관이 맞았다. 재무설계사들의 영역은 이제 단순히 건강 보장, 저축 상품을 넘어서서 부동산, 투자, 세무 등까지 토탈 라이프 케어를 제공할 수 있게끔 더욱 고도화되고 있다. 선진국들의 트렌드이기도 하다. 인공지능이 업을 대체하는 것이 아니라 대면 영업 재무설계사가 오히려 인공지능을 도구로 활용하는 세상이 열리고 있다. 최적의 솔루션을 찾아낼 수 있도록 시간 효율과 정확도를 향상시키는 것이다. 새로운 기술 트렌드를 활용할 수 있느냐 없느냐에서 개인 역량의 차이가 벌어질 뿐 결국 대면 영업이 점점 더 고도화되어 가는 것은 변함이 없다.

물론 늘 옳을 수는 없다. 그렇더라도 올바른 신념과 직관을 가져가기 위한 방법은 있다. 그 분야에 대한 공부를 많이 하고 돌아가는 상황을 끊임없이 잘 살펴보는 것이다. 긍정적 경험들을 쌓고 부정적 경험으로부터 성찰해 나가면 어느 순간 흔들리지 않는 신념을 갖고 상황에 맞는 직관적 판단을 할 수 있게 될 것이다.

APRIL

4월

행동의 방정식

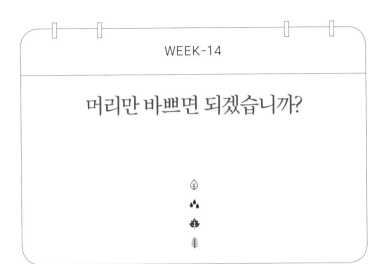

WEEK-14

머리만 바쁘면 되겠습니까?

온갖 시련을 겪고 45세 이후에 깨달은 것은 (1)+(1)=(2)이고 (2)×(2)=(4)라는 사실이다. 하나에 하나를 보태야 둘이 되고 둘에 둘을 곱해야 넷이 되듯 저축을 해야 돈이 모인다는 사실을 뒤늦게 깨달았다. 꾸준함의 중요성, 다시 말해 주식 투자에 성공하려면 사고파는 매매를 자주 하지 말고 정말로 가치 있는 주식을 사서 원하는 수익률에 도달할 때까지 오래 가지고 있어야 한다는 사실을 다시 한번 깨달았다.

물론 안다. 말로는 쉽다는 걸. 말이 아니라 행동으로 옮기는 게 항상 어렵다.

"앞에 있는 사람에게 인사를 자주 해라", "드나들 때 다른 사람에게 방해되지 않도록 문을 조심해서 열고 닫아라", "사람들과 마주치면 미소를 지어라" 등 대부분의 사람이 알지만 행동으로 옮기지 않는 일이 얼마나 많은가!

이런 이유로 정말로 사랑하거나 아끼는 사람에게는 행동재무학, 즉 행동하는 재무학을 가르친다. "저축해야 한다"는 일반론이 아니라 "통장을 만들어서 가지고 오세요" 하고 알려 주는 것이다. 머릿속에 100년 동안 있어도 행동으로 옮기지 않으면 아무것도 아니고 어떠한 결과도 나오지 않는다.

세상에는 머리 좋은 사람이 많다. 똑같은 시간을 공부해도 남들보다 더 많은 것을 받아들이고 새로운 생각과 아이디어를 척척 내놓는 사람이 많다. 소위 명문대 출신들은 타고난 머리가 좋을지도 모른다. 그런데 처음부터 가지고 태어난 그들을 이길 수 있는 방법이 있다. 바로 손과 발을 움직이는 꾸준한 행동을 몸에 장착하는 것이다. 공부를 잘한다고 부자가 되지는 않는다. 반면 손과 발로 성공하고 부자가 된 사람은 많다.

돈과 자산은 꾸준히 실천해야 모인다. 많이 벌었는데도 모인 게 없다면 많이 쓰고 많이 잃은 것이다. 부자가 되는 것은 돈을 많이 벌고 적게 벌고의 차이에 있지 않다. 아껴 쓰고 꾸준히 모으는 데 있다.

이따금 폐휴지를 모으거나 김밥을 판 돈을 장학금으로 기부하는 어르신들이 매스컴에 등장하지 않는가! 많이 벌지 못했음에도 꾸준히 모으면 남들이 감탄하는 금액이 된다. 심지어 전업주부가 절약해서 꾸준히 모으기만 해도 상당한 금액이 쌓인다.

그래서 행동재무학을 익히라고 항상 강조한다. 손발은 생산성을 내는 데 굉장히 중요하다. 뛰어야 알 수 있고 할 수 있다. 흔히 손을 제2의 두뇌라고 하는데 나는 발 또한 제2의 두뇌라고 생각한다. 특히 세일즈는 발이 가야 한다. 누군가를 직접 만나러 가야 한다. 직접 만나서 대화를 나눠야 가망 고객에 대한 팩트를 알 수 있고 그게 곧 지력이 된다. 고객이 내 앞에 있어야 니즈를 알 수 있다. 니즈를 파악해야 고객에게 필요한 상품이 무엇인지 알고 연구에 착수할 수 있다. 그렇게 함께 성장을 도모하고 관계를 맺을 수 있다.

남들은 다 잘하는데 나만 운이 나쁘다고 생각하는가? 남들은 척척 일을 잘 해내는데 나만 일이 안 풀린다고 생각하는가? 그렇다면 한 번 자신에 대해 냉정하게 판단해 보자. 머리만 바쁜가, 발만 바쁜가 아니면 둘 다 바쁜가?

알다시피 모든 걸 잘할 수는 없죠

처음 세일즈를 시작할 때부터 나는 비서를 고용했다. 고객 관리 프로그램도 만들었다. 사업을 한다고 생각했기 때문이다. 세일즈 영업을 시작할 때 나의 빚은 8000만 원이었다. 아내 친구의 친구한 테 사기를 당했고 대학을 졸업하기도 전에 결혼한 내게 실망한 아버지는 그 빚을 갚아 주지 않으셨다. 오히려 반대하는 결혼을 하더니 그렇게 되었다며 모른 체하셨다. 그런 상황에서도 나는 '세일즈업을 하는데 당연히 직원 한 명은 있어야지. 그래야 내가 계약을 많이 할 수 있으니까' 하면서 비서를 고용했다. 비서 월급을 주기 위해서라도 더 열심히 일했다.

사실 그 친구 덕에 심플하게 일할 수 있었다. 나는 지금도 사람을 만나서 빨리빨리 설득할 수는 있지만 뒷수습에는 소질이 없는 편이다. 나는 내가 잘하는 것에 집중하기 위해 약한 분야는 비서에게 맡겼다. 비서는 이런 나 대신 고객에게 편지나 책자를 보내는 등의 작업은 물론이고 내 성격상 하기 어려운 것을 담당했다. 덕분에 나는 내가 할 수 있는 것에 집중할 수 있었고 그만큼 더 성과를 거둘 수 있었다. 당시 한 달에 계약을 60건 넘게 했다. 일주일에 15건씩, 자그마치 연속 16주 동안 계약을 성사시켰다.

결국은 사업가 정신 덕분이었다. 사업가가 모든 일을 잘할 필요는 없다는 생각에서 출발해 어떻게 하면 인재를 효율적으로 활용할지를 고민하고 적재적소에 인재를 배치했다. 그사이 나는 나를 브랜딩했다.

목표를 정하고 집중하면 방사된 에너지를 하나로 모을 수 있다. 그러면 그 에너지로 원하는 것을 얻을 수 있다. 보험도 마찬가지다. 나는 하나의 보험 상품으로 많은 영업을 하곤 했다. 하나의 상품을 완벽하게 연구하면 보험의 필요성을 알기 쉽게 설명할 수 있다. 복잡하면 몰입하기가 힘들다. 할당량이라는 게 있듯이 혼자 해낼 수 있는 양도 정해져 있다. 그래서 몰입이 중요하다. 사람이든 사업이든 여기저기에 힘을 분산시키기보다 하나에 집중하고 몰입하면 얻을 수 있는 것이 더 많다.

나는 사업가 중 스티브 잡스를 특히 좋아하고 롤 모델로 삼고 있다. 잡스는 세상에 없는 것을 만들어 냈으며 인문학적으로 모든 것을 융합하고 전혀 별개라고 생각했던 IT와 전자를 엮었다. 더구나 그 스케일이라니! 스티브 잡스가 한 말 중 가장 인상에 남는 말은 "I want a project in the universe"다. "나는 우주에 흔적을 남기고 싶다"니 이 얼마나 멋진가!

정주영 회장도 빼놓을 수 없다. 언젠가 본 정주영 회장의 일대기 드라마를 보고 감탄이 절로 나온 적이 있다. 유조선으로 둑을 막아서 간척지를 개발했다든지, 중동 사업을 수주했다든지 하는 남다른 스케일과 발상으로 사업한 일화가 비범한 분이라는 생각을 갖게 했다.

다시금 생각나는 그의 명언을 읊조려 본다.

"이봐! 해 보기나 해 봤어?"

WEEK-16

긍정의 나비효과

본인이든 타인이든 변화하는 것은 매우 중요한 일이 되어 버렸다. 지구상에서 변화에 적응하지 않은 종은 모두 사라졌다. 변하지 않으면 시대에 적응하지 못하고 도태당하고 마는 것이다.

산업도 마찬가지다. 불과 몇 십 년밖에 지나지 않았음에도 예전에는 흔했지만 지금은 찾아볼 수 없는 것이 얼마나 많은가! 동네마다 있던 비디오 대여점, 집집마다 있었던 비디오 기기, 카세트테이프 등은 모두 과거의 산물이 되었다. 저장 장치만 해도 비디오테이프, CD, 메모리 스틱, 클라우드로 끊임없이 변화하고 있다.

지금은 컴퓨터나 스마트폰을 쓸 줄 모르면 다른 사람과 원활한 소통이 불가능한 시대다. 커피만 해도 핸드 드립을 넘어 다양한 머신이 개발되고 있다. 이처럼 모든 것이 변화하고 진화를 거듭하고 있다. 동식물도 변화했기 때문에 살아남은 것이다. 만약 공룡이 지구 환경에 걸맞게 변화했다면 어쩌면 강아지나 고양이처럼 함께 살아가고 있을지도 모른다. 하지만 공룡은 변화하는 지구 환경에 대응하지 못했고 결국 문헌이나 박물관에만 존재하는 동물이 되고 말았다.

나는 지금도 이따금 처음 교복을 입은 날을 떠올린다. 신기하게도 사복을 입었을 때와 교복을 입었을 때 나를 보는 사람들의 시선이 달랐다. 가족도, 사복을 입은 친구들도 그랬다. 그 시선 때문인지 교복이 내가 다니는 학교를 대표하는 것처럼 느껴졌고 흐트러진 행동을 할 수 없었다.

대학을 다니며 ROTC 단복을 입었을 때도 마찬가지였다. 외부에서 나를 보는 시선 때문에 그에 걸맞은 마음가짐과 행동을 하게 되었고 자연스레 변화했다. 머리도 짧게 자르고 말투와 생각에 절도가 생겼다. 앉아 있을 때는 등을 곧추세우고 자세를 똑바로 했으며 짝다리를 의식하고 옷매무새가 흐트러지지 않게 했다. 그러자 사람들의 긍정적인 평가가 이어졌다. 아버지는 뿌듯해 했고 여자 친구는 든든해 했다.

내가 변화하면 그 변화가 나비효과를 일으켜 자신과 주변을 업그레이드시킨다. 나는 메트라이프 생명보험에서 일하면서 우리나라 최초로 변액유니버설 보험을 출시해 판매했다. 다들 보험회사가 무슨 투자냐며 백안시할 때였다. 이 상품은 물가 상승률을 헤지하는 상품이었고 결과적으로 센세이션을 불러일으켰다.

처음에는 나 혼자 변화하기 시작했지만 반드시 해야 한다는 생각 아래 조직원들을 교육시켰다. 대부분은 고객들이 변동성 있는 상품을 좋아하지 않을 거라고 했지만 결과는 대성공이었다. 2003년 당시 주식시장은 700포인트였는데 나는 확신을 가지고 "주식시장이 반드시 2,000포인트까지 간다"고 주장했다. 시장은 내 예상대로 움직였다. 결국 우리 조직은 양적으로 급성장할 수 있었다. 이 경험을 기반으로 STAR MGA(Master General Agency)도 성공했다.

앞으로는 4차 산업혁명으로 더 강력하고 광범위하게 변화할 것이다. 변화의 반감기가 점차 짧아지면서 기존에 배운 지식만으로는 결코 버틸 수 없다고 느끼게 될 것이다. 이 시대의 변화에 맞추기 위해서는 어떻게 해야 할까? 마인드를 열어야 한다. 위험은 받아들이지 않는 사람에게 찾아오기 때문이다.

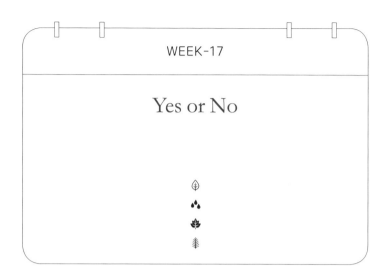

WEEK-17

Yes or No

우리는 살면서 수많은 선택과 결정을 한다. 그 선택과 결정은 필연적으로 결과를 수반한다. 당연하게도 더 창의적인 결정과 선택일수록 좋은 결과를 창출하고, 구태의연한 선택일수록 변화하는 세태를 따라가지 못하고 낡은 것으로 도태된다. 마찬가지다. 제품이나 서비스를 제공하는 입장에서 트렌드를 읽지 못하거나 불편하고 불합리한 점을 개선하지 못하면 소비자의 선택을 받을 수 없다.

그렇기에 우리는 문제를 개선하고 창의적인 아이디어를 내기 위해 노력해야 한다. 실제로 우리는 이렇게 개선된 안을 행동으로 옮기는 사람들이다.

나는 사람들에게 "새로운 아이디어를 어디에서 얻나요?"라는 질문을 자주 건넨다.

"저는 책에서 주로 얻고 있어요."

보통 가장 많이 듣는 답이다. 나도 책에서 아이디어와 해결책을 얻을 때가 많다. 하지만 내 경우는 주로 사람과 대화에서 더 많은 아이디어를 얻곤 한다. 회사의 정책을 결정할 때도 직원들과 토론을 통해 결정하려는 것도, 실패의 경험을 공유하려는 것도 이 때문이다. 이야기하다 보면 자연스럽게 개선점을 찾게 된다.

그래서 우리 회사는 가급적 대화 채널을 많이 열어 두는 편이다. 여러 커뮤니케이션 채널을 통해 다양한 의견을 수렴하고, 이 과정에서 혁신 과제나 개선점을 찾아낸다. 어쩌면 상대의 단점이나 개선할 부분을 말하는 것에 대해 예의 없다며 부정적으로 바라볼지도 모르겠다. 하지만 이곳은 회사고 제품이나 서비스의 하자가 일어날 수 있는 곳이다. 친목이 이유인 곳이라면 예의 없는 행동일지도 모르지만 일터에서는 상대에게 알려 주는 것이 좋다. 불만이 아닌 개선점을 제시하는 것이기 때문이다.

제품이나 서비스를 제공하는 기업들은 홈페이지를 개설하고 고객과 사용자들의 불편과 불만 사항을 접수한다. 고객의 불편한 부분을 해결해 주려는 목적도 있지만 소중한 정보를 취득하기 위한 목적도 있다. 어떤 부분을 개선해야 할지 알아내는 게 기업 입장에서는 커다란 숙제인데 경험을 통해 문제점을 알려 주기 때문이다. 사용자들이 직접 문제를 알아내는 데 소요되는 기회비용을 사용자들이 줄여 줬기 때문에 기업은 본연의 업무에 더 집중할 수 있다.

개인이라고 다를까? 다르지 않다. 자신의 부족한 부분을 개선하고 싶다면 일단 들어야 한다. 누군가 말해 주지 않는다면 대화 속에서 답을 찾아내려는 노력을 해야 한다. 대화란 상대의 말을 들으면서 공감하고 핵심을 끄집어내는 것이다. 공감하지 않고 자기 말만 하거나 상대의 말을 흘려듣는다면 그것은 대화가 아니라 소음이다. 상대가 아무리 문제점을 알려 줘도 그것을 받아들이지 않고 개선할 의지를 보이지 않는 사람은 발전이 없다.

공감은 경청에서 나온다. 공감 능력을 향상시키려면 듣기를 잘하는 수밖에 없다. 듣는 능력은 어렵지만 그 무엇보다 중요하다. 상대가 무슨 말을 하는지 알아야 대답도 할 수 있다.

실제로 일을 해 보니 듣기가 정말 중요했다. 내 경우는 외국계 회사라 상황이 독특하긴 했지만 그렇다 해도 회사에 입사해 일을 배우기 시작할 때 말하는 능력이 중요할까, 듣는 능력이 중요할까? 나는 예나 지금이나 듣기가 중요하다고 변함없이 생각한다.

상사가 어떤 주제에 대해 이야기하고 뜻을 제대로 알아들었느냐고 물었을 때 내 대답은 무엇일까? Yes나 No 둘 중 하나다.

"너 일 열심히 할 거야?"

"Yes!"

"불완전 판매를 할 거야?"

"No!"

실제 처음 입사했을 때 나는 Yes와 No로만 대답했고 그래도 아무 문제가 없었다. 그렇게 시간이 조금 흘러 업무 성과를 내보이니 조금 더 구체적인 질문이 나왔다.

"성과가 좋은데 어떻게 했어? 비결이 뭐야?"

이때는 말할 줄 알아야 했고 실제 그 전부터 꾸준히 연습해서 답할 수 있었다.

영어만 이럴까? 우리말은 안 그럴까?

공감 능력을 키우는 또 다른 비결은 상대의 입장에서 생각해 보는 것이다. 나는 결혼한 40대 남성이지만 실제로 상담할 때는 미혼 남성, 여성, 이혼한 사람, 자녀가 없는 사람, 나이 든 사람 등 다양한 이력을 가진 보험설계사 혹은 고객을 만난다. 가령 자식이 있는데 남편이 사망하는 바람에 생계를 책임지기 위해 보험설계사 일을 시작한 사람도 있다.

내가 그들과 같은 상황에서 같은 경험은 못했더라도 최대한 그 사람의 입장에서 생각해 볼 수는 있다. 여성인데 남편이 먼저 사망했고 한창 교육비를 지원해야 하는 자식이 있다. 그래서 돈을 벌기 위해 세일즈업계에 뛰어들었지만 한 번도 해 본 적이 없다. 이런 상황을 떠올려 보면 모르는 장소, 모르는 사람들에게 세일즈를 할 때 암담하다는 생각이 가장 먼저 들 것이다. 그런데 리더가 이런 상황을 이해하지 못하고 "남들은 나가서 실적도 잘 올리는데 왜 열심히 해야 할 분이 이렇게 실적을 못 올리세요?" 하고 말하면 어떻게 되겠는가? 상대의 감정이 얼마나 힘든지 이해하고 충분히 생각한 다음 상담을 해야 한다. 그 사람한테 빙의까지는 아니더라도 노력하면 어느 정도 공감은 할 수 있다.

마음이 다쳤을 때 치유 방법으로 역할극을 하듯 그 사람의 입장이 되어 보자. 누군가를 질책할 때도 가끔 이 방법을 사용할 수 있다. 주로 실수를 했거나 업무 능력을 더 끌어올려야 할 때다.

"자, 자네가 나라면 어떻게 하겠어? 자네가 모두 책임져야 한다고 생각해 봐. 그러면 이 상황에서 어떻게 하겠어? 내버려 둘까? 뭔가를 가르칠까? 작전 회의를 해야 하지 않을까? 하지만 자네는 작전 회의도 싫어하는데 믿고 맡겨 둬도 될까? 몇 개월 동안 못했는데 이번에 믿고 맡기면 갑자기 잘할까?"

그러면 보통 상대 쪽에서 먼저 원했던 답이 나온다.

"회의를 통해 새로운 해답을 찾겠습니다."

대답을 얻어 냈으니 작전 회의에 들어갈 여지가 생긴다. 그리고 해당 직원은 이전보다 내가 제시하는 대안을 훨씬 더 잘 받아들일 것이다. 그런 마음가짐은 향상된 업무 성과로 나타난다. 이것이 바로 평소 잘 듣고 그 정보를 토대로 상대에게 공감했을 때 나오는 힘이다.

JANUARY

FEBRUARY

MARCH

APRIL

MAY

JUNE

JULY

AUGUST

SEPTEMBER

OCTOBER

NOVEMBER

DECEMBER

MAY

5월

새로운 나를 만날 준비

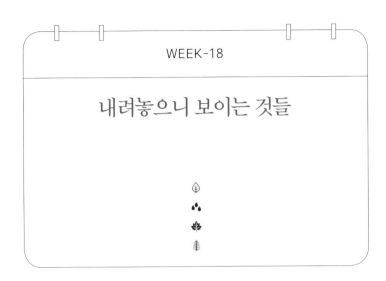

WEEK-18

내려놓으니 보이는 것들

스스로에게 항상 하는 말이 있다. "내려놓자"다. 오늘이 마지막이라고 생각하고 살기 위해서다. 건강을 잃고 죽음의 문턱까지 다녀온 경험 때문인지도 모른다. 하지만 분명한 건 오늘이 마지막이라고 생각하며 살 때 오늘을 더 잘살 수 있었다. '오늘 죽으면 무엇을 할 것인가'라는 자문자답과 만날 수 있었기 때문이다. 그럴 때면 내가 놓친 것들이 보이기 시작했다. 가족, 취미, 직업 등 많은 것이 그전과는 달리 보였다. 한마디로 소중함을 느끼게 되었다. 오늘이 마지막이라는 생각이 가족에게 전화를 한 번이라도 더 하게 하고 보고 싶은 사람에게 연락하게 했다.

오늘이 마지막이란 생각은 오늘 회사를 그만두면 어떻게 할지, 라는 생각으로 이어졌다. 정확히는 직업을 버릴 생각이 없기에 직책을 내려놓을 순간을 미리 대비하는 것이었다. 역량에 한계가 와서 지금 맡은 중책을 내려놓아야 할 때 흔들리지 않기 위함이었다. '회사가 나보다 더 역량 있는 인재가 필요한가 보다' 하고 덤덤하게 받아들일 준비. 혹은 최선을 다했지만 결과가 원하는 대로 안 나왔거나 직원들의 만족도가 떨어졌을 때 또는 나 스스로 즐거움을 잃어버렸을 때를 대비해 언제든 직책을 내려놓을 각오를 하는 것이다.

내려놓는다는 건 하나의 준비 과정이다. 언제라도 버리고 내려놓을 수 있을 때 오히려 강해진다. 비워야 채울 수 있고 내려놓아야 새로 시작할 수 있다. 이는 곧 성숙의 과정으로 연결된다. 성숙은 성장과 다르다. 성장은 신체적으로나 조직적으로 더 커지는 것을 의미하지만 성숙은 정신적으로나 인격적으로 업데이트되고 업그레이드되는 것을 의미한다. 성장하려는 사람에게는 영양분과 운동이 필요하다. 이를 조직에 대입하면 동기부여, 주인 정신, 근무 환경, 교육, 혁신 등이 필요하다. 하지만 성숙하려면 가장 먼저 성찰과 경험이 필요하다. 성장에만 관심을 가져 교만해진 사람들에게는 성숙이 찾아들지 않을 것이다. 이런 이유로 인간은 성장과 더불어 성숙해야 한다.

나는 한때 갑의 정신으로 살았다. 항상 그냥 늦었다. 가는 사람 안 잡고 오는 사람 안 막았다. 부득이하게 약속 시간을 못 맞춰도 사전에 연락해서 양해를 구하는 행동을 하지 않았다. 상대가 어떤 이유로 떠난다고 해도 붙잡는 시늉조차 하지 않았다. 흥미롭게도 결혼하기 전 아내와 데이트할 때는 내가 기다리는 편에 속했다. 두 시간을 기다린 적도 있었다. 내가 더 보고 싶었고 더 사랑을 갈구했기 때문이다. 기다리라고 한 적도 없는데 기다리고 싶어서 기다렸다. 뒤늦게야 깨달았다. 나의 행동이 미숙했고 교만했고 배려가 부족했다는 것을 말이다.

요즘에는 가는 사람을 가끔 잡는다. 모두 조금만 더 노력하면 성공할 가능성이 보이는 친구들로, 그들에게 나는 한 번 더 생각해 보라고 말한다. 약속 시간에 어쩔 수 없이 늦을 것 같으면 미리 연락해서 "15분쯤 늦겠습니다. 미안합니다" 하고 말한다. 나도 전보다 성장한 것이다. 성장했다고 해서 하루아침에 저 높은 꼭대기까지 올라가지는 않는다. 어제보다 오늘, 오늘보다 내일, 아주 조금씩 저 점을 높여 가는 것이다.

진짜 성숙해지기 위해서는 한 번만 성장하고 성숙하는 것이 아니라 끊임없이 성장과 성숙의 과정을 반복해야 한다. 그래야만 균형 있게 발전할 수 있다. 워라밸(Work & Life Balance)이라는 말처럼 일과 삶의 균형, 일과 건강의 균형을 유지해야만 행복을 만날 수 있다. 이 균형이 깨지는 순간 어느 한쪽에서 얻은 성공이 행복으로 이어지지 못한다.

WEEK-19

로열티를 가진 사람

내가 마음을 연 사람들에게는 한 가지 공통점이 있었다. 바로 태도다. 그들은 모두 태도가 좋았다. 면접을 볼 때도 스펙보다는 태도를 본다.

이는 전 메트라이프 생명보험 김종운 회장님의 영향도 적지 않다. 언젠가 그분께 "회장님은 임원 선발을 어떤 식으로 하십니까?"라고 질문한 적이 있다. 김종운 전 회장님은 이렇게 대답했다.

"임원 선발을 고민할 정도면 후보들의 능력은 비슷하지. 이때는 태도가 좋은 친구, 로열티가 좋은 친구를 선발하려고 하네."

김종운 전 회장님의 말처럼 모두의 능력이 비슷할 때 보다 특별해 보이는, 로열티가 있는 사람으로 자신을 돋보이는 방법은 좋은 태도다. 좋은 매너, 기본적인 예의는 지속적인 만남을 가능하게 한다. 매너나 기본적인 예의가 없는 사람은 기분을 상하게 하고 다시는 보고 싶지 않게 한다.

개인적으로 업무 파트너는 세 가지 전제 조건을 충족해야 한다고 생각한다. 먼저 자기 일에 프로페셔널해야 한다. 나는 자기 일도 제대로 하지 않으면서 주변에 어쩌고저쩌고 하는 사람을 신뢰하지 않는다. 나이와 직업에 상관없이 자신이 해야 할 업무를 똑 부러지게 처리하는 프로다운 모습을 보여야 상대는 뭐라도 배울 용의가 있다고 느낀다. 두 번째로, 누군가를 대할 때는 진심이 담겨 있어야 한다. 상대가 어리든, 직업이 무엇이든 상관없이 말이다. 마지막으로 자아성찰을 할 줄 알아야 한다. "미안해. 내가 오전에 앞뒤 상황도 보지 않고 너무 심한 말을 했어" 하고 말할 수 있는 사람이어야 한다. 한편으로 고마운 상황에서는 "고맙다"고 말할 수 있어야 한다. 고마워하는 사람은 자신의 잘못이나 실수를 인정할 줄 아는 사람이기 때문이다.

자신이 뭘 잘못했는지를 모르고 그래서 자신은 항상 옳다 생각하는 탓에 잘못을 뉘우칠 줄 모르는 사람과는 소통이 불가능하다. 대화가 안 된다. 걸핏하면 화를 내는, 일상에 짜증이 깔려 있는 사람도 마찬가지다. 한 번 정도는 함께할 수 있겠지만 두 번 이상은 어렵다. 반대로 앞서 언급한 세 가지 전제 조건에 충족한 사람은 내 편이라는 믿음을 갖게 하면서 나도 모르게 그에게 마음이 기울어질 것이다.

4차 산업혁명의 화두 중 하나가 커넥션이다. 4차 산업혁명은 한 마디로 정의하면 연결한다이다. 모바일, 클라우드 서비스, 집에서 사용하는 홈테크 모두 연결이 키워드다. 휴대폰이나 SNS가 연결이 중요한 것처럼 세일즈도 사람과 사람 간의 연결이 중요하다. 바로 피플 비즈니스다.

어쩌면 인생이라는 건 내 편을 찾는 과정이 아닐까 싶다.

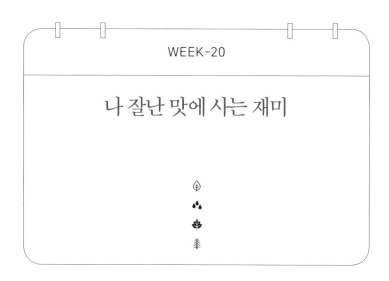

WEEK-20

나 잘난 맛에 사는 재미

나는 양복을 입을 때 꼭 행커치프를 한다. 처음 양복을 입을 때부터 했으니 꽤 오래된 습관이다. 서양에서는 양복에 행커치프를 하는 것이 오래된 전통이지만 우리나라에서는 아직도 익숙한 광경이 아니다. 그럼에도 행커치프를 굳이 하는 이유가 있다. 물론 멋도 이유다. 하지만 그보다 더 큰 이유는 매너를 보일 때 요긴하게 쓸 수 있다는 데 있다. 짧은 치마를 입은 숙녀분의 무릎을 덮도록 해 주거나 다급하게 머리를 묶어야 할 때 내미는 경우다. 이따금 고객이 눈물을 흘릴 때 휴지 대용이 돼 주기도 한다. 이렇게 건네진 행커치프는 고객의 입장에서 고마움과 미안함의 표시가 된다.

행커치프로 나는 나만의 멋을 찾는다. 반대로 말하면 행커치프 하나로도 우리는 멋과 매너를 보일 수 있다. 그런데 사실 이런 도구가 아니더라도 말과 행동만으로 멋과 매너를 충분히 내보일 수 있다.

예를 들어 "긍정적으로 생각하라", "세일즈맨이라면 적어도 하루에 다섯 명을 만나라" 같은 조언을 따르는 행동의 소유자는 그 자체로 충분히 사람을 멋있어 보이게 한다. 말과 원칙의 멋스러움을 자기 것으로 만드는 일 말이다.

음식이 맛있으려면 간이 잘 배고 양념이 조화롭게 어우러져야 하듯 인생도 멋이라는 양념이 어우러져야 좋다. 그래야 나 잘난 맛에 사는 재미도 생긴다. 이렇게 살다 보면 어느새 다른 사람들 눈에도 멋있는 사람이 된다. 누군가는 존중을 표할 것이고 그러다 보면 자존감은 나날이 늘어갈 것이다.

언어의 중요성은 이미 많은 실험을 통해 알려져 있다. 말에는 권위와 권능이 있다. 성경에도 말씀으로 가라사대가 자주 등장하지 않는가! 이 말이 의미는 무엇일까? 바로 하나님의 권위와 권능 그에 따른 말의 무거움이다. 이런 말을 우리는 어떻게 사용하고 있는가? 올바르게 사용하는가? 사랑하는 사람에게 매일 사랑의 언어를 쓰고 그와 관련한 행동을 하는가?

와인에게 나쁜 말을 하면 와인 맛이 상하고 식물에게 계속 나

뻔 말을 하면 시들어 버린다고 한다. 하물며 말귀를 알아듣는 사람은 어떨까? 그러니 사람들로 구성된 조직이나 가족이 사용하는 말은 얼마나 더 중요할까? 해골 물을 달게 마셨지만 그 물의 정체를 알고 토하며 깨달음을 얻은 원효대사처럼 말도 상황에 따라 약도, 독도 된다.

매사에 툭툭 던지듯 성의 없게 말하는 사람이 있다. 본인은 본인의 스타일이라고 생각할 것이다. 하지만 남이 보면 진정성 없는 태도의 연장선일 뿐이다. 당신이 툭툭 던지듯 말하는 사람이라면 당신 같은 사람과 중요한 업무를 상의하고 싶은가? 누군가는 상관없다 할지도 모르겠다. 하지만 적어도 나는 그런 사람과 진지하게 논의해야 하는 업무를 같이하고 싶지 않다. 말 한마디로 천 냥 빚을 갚는다는 속담처럼 서로에게 건네는 말을 무엇보다 중요하게 여기기 때문이다. 우리가 무심코 내뱉는 말에도 영혼이 있다고 나는 생각한다.

영업을 하는 입장에서 자신이 하는 말로 고객을 만족시킬 수도 있고 상대를 불쾌하게 만들 수도 있다. 당연히 그 감정은 계약과 연결된다. 말에는 긍정적인 언어와 부정적인 언어가 있어서 우리가 긍정적인 언어를 사용하면 긍정적인 결과가 돌아오고 부정적인 언어를 사용하면 부정적인 결과가 돌아온다.

이제는 자신의 평소 언어 습관을 되돌아볼 때다. 나는 긍정적인 언어를 많이 사용하는가, 부정적인 언어를 많이 사용하는가? 만약 후자에 가깝다면 말을 할 때 한 번 더 생각해 보길 바란다. 가급적 상대에게 기운과 용기를 주는 말을 하되 내가 한 말에 대해서 책임을 지는 자세를 가지도록 노력해야 한다.

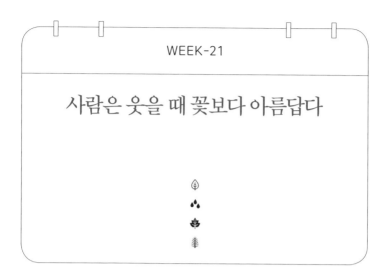

WEEK-21

사람은 웃을 때 꽃보다 아름답다

최상의 상태로 상대를 마주하는 것은 중요하다. 비싸고 좋은 옷을 입으라는 말이 아니다. 할 수 있는 한 가장 매력적인 모습을 보이라는 의미다. 고객을 만나기 전에 꼭 화장실에 들러 자신의 모습을 체크하는 것 정도다. 옷매무새나 얼굴 상태는 물론이고 눈을 크게 떠 보는 등 전반적인 컨디션도 점검하는 것이다. 고객을 만나기 전 자신과의 약속을 지키는 일종의 의식처럼 여겨도 좋다.

상대에 따라 보이는 게 전부일 때가 있다. 첫 만남일수록 더욱 그렇다. 아무리 좋은 명품 옷을 입고 값비싼 수입차를 타고 다녀도 낯빛이 어둡고 표정이 밝지 못하면 호감은 생기지 않는다. 오히려 경계하는 마음이 생긴다. 아무리 멋지고 아름다운 사람이라도 표정이 딱딱하고 냉랭한 기운을 풍기면 다가가기 머뭇거려진다.

반면 수수한 차림에 주름이 많아도 환하게 웃으면 인자하고 편안해 보인다. 나이 불문하고 사람은 환하게 웃을 때가 가장 아름답다. 아기도 방긋방긋 웃을 때 가장 예쁘다. 〈님아, 그 강을 건너지 마오〉라는 영화 속 할머니의 표정을 잊을 수 없다. 그렇게 예쁠 수 없다. 소녀 같은 할머니를 너무 좋아하는 할아버지는 항상 손을 꼭 잡고 다닌다. 세련된 옷을 입은 것도 아니고 성대한 식사를 차려 주는 것도 아닌데 할아버지는 할머니가 너무 좋다. 사람을 기분 좋게 하는 웃음, 그 웃음에 밴 아름답고 편안한 표정.

아무리 예쁘고 세련되게 화장해도 인상까지 바꿀 수는 없다. 꾸미지 않은 여고생, 여대생들이 청바지에 티셔츠만 입어도 예쁜 이유가 뭘까? 별거 아닌 것에도 꺄르르 하며 웃기 때문이다. 사춘기 때는 굴러가는 낙엽만 봐도 웃는다고 하지 않았던가? 아기가 우는 것도 예쁘다는 부모가 있는데 그건 자기 아기라서 그렇다. 남이 볼 때 우는 아이가 예쁜 경우는 많지 않다.

나는 남자는 근엄해야 한다는 선입견을 가지고 있었다. 군인 출신 아버지 영향을 많이 받은 탓도 있다. 어릴 적 아버지는 내가 웃으면 "남자가 왜 그리 헤프게 웃냐"며 핀잔을 줬다. 자연스레 "인상을 많이 쓴다"는 말을 자주 들었다. 그래서 혼자 있을 때 아에이오우 연습을 많이 했는데 요즘은 인상 좋다는 말을 듣는다. 훈련의 결과물이다.

자신이 잘 웃지 않는다고 생각되면 일부러라도 웃어 보자. 밝은 표정으로 환하게 웃어 보자. 패션의 완성은 웃음이다.

JUNE

6월

절대 변하지 않는
본질에 대하여

WEEK-22

사람이 우주입니다

꿈에 대해 이야기할 때 빠지지 않는 말이 있다. 바로 'Dreams come true!'다. 꿈이라고 해서 반드시 원대해야 하고 멋진 것은 아니다. 연봉 20억을 받아야만, CEO가 되어야만, 노벨상을 받아야만 꿈을 이루는 게 아니다. 원하는 차를 샀다면, 보고 싶었던 공연을 봤다면 그 순간 꿈은 이뤄진 것이다.

내 입장에서는 한 사람 한 사람을 만나는 것이 기적과도 같은 꿈을 이룬 순간이다. 사람은 소우주라고 하지 않는가! 인체의 신비에 대해 생각해 볼수록 더욱 적절한 표현이라는 생각이 든다. 사람과 사람의 만남은 소우주와 소우주가 만나는 것이다. 그래서 두 우주의 만남인 사람과 사람 사이 관계야말로 가장 중요하게 여겨야 할 일이 아닌가 생각해 본다.

　우린 이런 소우주가 주변에 있는 것을 너무도 당연하게 생각한다. 그러나 소우주가 누구나에게 많지는 않다. 꿈을 이룬 사람, 성공한 사람, CEO 주변에 사람이 없는 경우가 생각보다 많다. 그들은 리더는 외로운 것이 당연하다고 말한다. 혼자 결정하고 책임지기 때문에 고독하다는 것이다. 하지만 나는 그래야 한다고 생각하지 않는다. 왜 혼자 결정해야 하는 걸까? 집단 지성의 힘으로 더 좋은 결정을 이끌어 낼 수도 있는데 말이다. 혼자 결론을 내릴 때보다 여러 사람과 의견 일치를 봤을 때 더 좋은 결과를 가져올 때가 많다.

　나는 『논어』에 나오는 '삼인행(三人行)이면 필유아사언(必有我師焉)'이라는 말을 좋아한다. 직역하면 '세 사람이 함께 길을 가면 반드시 스승이 있다'란 뜻이다. 조금 더 쉽게 풀면 '세 사람 중 한 사람에게는 분명 배울 점이 있다'가 된다. 사실 세 사람까지도 필요 없다. 두 사람만 만나도 배울 게 있다. 설사 두 사람 모두 살인자라고 해도 말이다. 무얼 배울 수 있느냐고? 살인을 해서는 안 된다는 것을 배울 수 있다. 내가 배우고자 하면 누구에게나 배울 것은 있다. 당연히 여러 사람의 의견이 도움이 될 때가 많다.

　우리는 관계를 통해 성장한다. 나의 경우 주변에 좋은 사람이 많다는 것은 축복이다. 좋은 사람이 가족, 친구, 동료라면 더더욱 감사할 일이다. 나는 가끔 후배들에게 커피 한 잔을 사 달라고 말한다. 그들이 흔쾌히 사 주겠다고 말하면 기분이 좋다. 나의 투자가 헛되지 않았다는 것을 확인하는 순간처럼 느껴지기 때문이다. 말뿐일지도 모르지만 그래도 괜찮다. 만약 그런 후배가 30명이라면 나는 한 달간 커피 한 잔을 공짜로 마실 수 있고, 그런 후배가 365명이라면 나는 1년 내내 매일 공짜 커피를 마실 수 있다고 상상해 볼 수 있지 않은가! 생각하기에 따라 정말 기분 좋은 일이다. 사람에게 투자하는 것만큼 남는 게 많은 일도 없다.

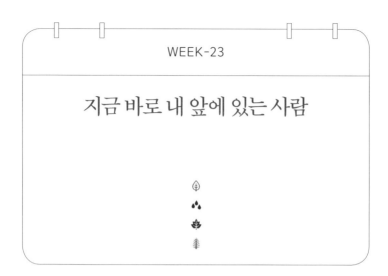

WEEK-23

지금 바로 내 앞에 있는 사람

'그때 ~하지 않았더라면 좋았을걸.'

'내가 왕년에는 말이야…'

'그렇게 하지 말고 이렇게 했어야 했어. 그러면 지금쯤 ~하고 있을 텐데.'

이런 말을 입에 달고 사는 사람이 있다. 이해가 안 되는 건 아니다. 누구나 추억과 향수가 있고, 과거에 대한 회한이 있고, 과거에 대한 실수와 실패가 있다. 하지만 추억만 먹고살 수는 없지 않은가!

누구나 목표가 있고 그 목표와 결부된 행복한 미래를 기대하지만 오롯이 지금 내가 느끼는 건 현재다. 미래는 상상이고 과거는 추억과 회한밖에 없다. 카사노바도 말하지 않았는가! "지금까지 만난 여인 중에 지금 내 앞에 있는 여인이 가장 아름답다"라고.

과거의 실수와 회한은 현재를 위한 디딤돌일 때 의미가 있다. 과거를 추억하는 것은 좋지만 과거에 얽매이는 것은 어리석다.

그런가 하면 미래를 위해 지나치게 현재를 저당 잡는 사람도 있다. 미래는 정해져 있고 그 미래가 현재를 이끌어 간다고 생각하는 나로서는 미래의 중요성을 결코 가볍게 볼 수 없다. 그럼에도 과거, 현재, 미래를 놓고 봤을 때 내가 가장 충실해야 하는 때는 바로 지금 현재다.

미래만 꿈꿀 수는 없다. 미래도 중요하지만 현재가 더 중요하다. 미래의 내가 되는 데 필요한 행동을 지금 하고 있어야만 내가 선언한 미래가 나의 것이 된다. 현재가 바로 나다. 현재 내가 처한 환경과 상황을 판단하고 나의 행동을 분석한 뒤 개선점을 찾고 미래를 준비해야 한다. 현재에 충실하면서 미래를 향해 나아가되 너무 많이 앞서가지 말고 딱 한발만 나아가야 한다.

현재보다 미래를 중시하는 사람들은 생각이나 트렌드 면에서 너무 앞서가는 경향이 있다. 10년 후에 상용화될 기술을 오늘 당장 공정에 도입하면 어떨까? 모든 여건이 맞아떨어질 때 가장 효율적인 결과가 나오는 법인데 생각만 앞서 미래 기술을 가지고 사업에 뛰어든다면 실패를 경험할 수밖에 없다.

사람과의 관계에서도 마찬가지다. 과거에 만난 사람, 미래에 만나고 싶은 사람이 아니라 지금 바로 내 앞에 있는 사람이 가장 중요하다. 만약 지금 내가 쓰러지면 누가 나를 구해 줄까? 바로 내 앞에 있는 사람이 나를 구해 주지 않겠는가? 내가 길거리에서 사고를 당했을 때 나를 위해 119에 전화를 해 줄 사람은 내가 존경하거나 며칠 전에 만난 사람이 아니라 사고를 당한 바로 그곳에 있는 사람이다.

사람들을 만날 때도 내 앞에 있는 그 사람이 가장 소중하다. 함께하는 시간만큼은 그 사람에게 집중하고 최선을 다하는 이유다. 연애를 할 때도 마찬가지다. 추억이나 이상 속의 여인이 아니라 현재 내 앞에 있는 여인이 가장 소중하다. 현재 내 앞에 있는 사람을 가장 소중하게 여기지 않을 거라면 차라리 만나지 말자. 누군가를 만나는데 마음은 딴 곳에 있다면 그것은 내게도 상대에게도 예의가 아니다.

사람들과의 관계뿐만 아니라 일할 때도 늘 시선은 현장에 둬야 한다. 나는 돈은 바닥에서 흐른다고 생각한다. 현장에서 직접 물건을 들고 나르고 제품을 생산하는 사람들 덕분에 우리가 돈을 벌고 쓰는 것이다. 워런 버핏이나 빌 게이츠, 정주영, 이건희, 이병철이

와서 물건을 파는 것이 아니다. 그들은 자본가다. 자본가가 돈을 투자한다고 해서 돈이 만들어지는 것이 아니다. 누군가가 그것을 날라다 줘야 한다. 아이스크림도 꼬마가 사 먹어야 주가가 올라간다. 홈쇼핑이나 웹 서핑을 통해 아무리 많은 물건을 주문했어도 택배 회사와 택배 아저씨가 없으면 물건을 받을 수 없다.

　돈은 현장에서 흐르기 때문에 업무는 반드시 현장 중심이어야 한다. 현재의 눈빛, 태도, 목소리를 보면 이 사람이 성공할지 아닌지가 보인다. 조직이라고 다를까? 잘되는 회사는 현장에 가 보면 왜 잘되는지 알 수 있다. 안 되는 회사 역시 현장에 가 보면 어떤 이유로 안 되는지 답이 나온다.

　그래서 깨어 있으라는 말을 건네고 싶다. 깨어서 초롱초롱한 눈으로 눈앞의 상대를 바라보고 현장을 바라보고 현실을 직시하자고 권하고 싶다. 현실은 꽉 잡고 과거와 미래는 조금만 잡아야 내가 원하는 미래를 내 것으로 만들 수 있다. 이론과 분석보다 현장이 잘 굴러가야 회사가 성장할 수 있다.

WEEK-24

인생의 좌우명 하나쯤은

'수적천석(水滴穿石)', '결초보은(結草報恩)', '수처작주 입처개진(隨處作主 立處皆眞)'은 내 인생의 좌우명과도 같다. 수적천석이란 작은 물방울이 모여 돌을 뚫는다는 뜻이고, 결초보은은 은혜를 입으면 갚아야 한다는 말이다. 수처작주 입처개진은 가는 곳마다 주인 의식을 갖고 역할을 다하라는 말이다. 모두 나의 생각을 단적으로 드러내는 말이다.

수적천석이란 가르침을 알게 된 건 영업을 막 시작할 때였다. 처음이니 얼마나 혈기가 왕성했겠는가! 전혀 모르는 낯선 사람임에도 열과 성을 다했다. 꾸준히 하면 언젠가 될 거라는 마음에 100번을 목표로 정하고 뛰어다녔다. 100번까지 간 적은 없었으나 그만큼의 노력을 들여 여러 차례 미팅한 끝에 나와 계약한 한 고객이 내게 어울린다며 적어 준 사자성어가 바로 수적천석이었다.

결초보은은 은혜를 입었으면 풀을 맺어서라도 은혜를 갚는다는 말로 춘추전국시대에 진나라에서 있었던 고사에서 유래했다. 위무자라는 사람은 평소 아들에게 "내가 죽거든 엄마를 개가시켜라" 하고 일렀다. 그런데 막상 죽을 때가 되자 위무자는 마음이 바뀌어 서모를 순장시키라고 했다. 순장은 산 사람을 무덤에 같이 묻는 것으로 아들 입장에서는 머뭇거려지는 일이었다. 결국 아들은 서모를 개가시키기로 결정했다. 누군가 그에게 유언을 따르지 않은 이유를 묻자 아들은 이렇게 대답했다.

"병이 깊어지면 생각이 흐려지기 마련이요. 정신이 맑을 때 아버지가 처음 남긴 유언을 따르는 게 옳다고 생각하오."

이후 아들은 전쟁에 나갔고 어느 날 싸우다 쫓기는 상황에 봉착했다. 이때 한 노인이 나타나 무성하게 자란 풀들을 잡아매어 온 들판에 매듭을 만들어 놓았다. 이에 적군이 걸려 넘어지자 그 틈을 타 전세를 역전시켜 승리할 수 있었다. 알고 보니 노인은 서모의 아버지였다.

이 이야기는 김종운 전 회장님이 나를 메트라이프 생명보험에

뽑아 준 것과 연결된다. 전역 군인으로 별다른 능력이 없던 나를 받아 준 그분은 내가 보험 세일즈로 높은 수익을 올리고 있을 때 본부장직을 제안했다. 받아들이는 순간 많은 기득권을 포기해야 했지만 나는 일 초의 망설임 없이 수락했다. 은혜를 갚고 신의를 지키기 위해서였다.

수처작주 입처개진은 어느 곳에 있든 주인이 되면 그것이 모두 진리라는 말로 중국의 『임제록(臨濟錄)』에 나온다. 앞서 설명했듯 어디에 있든 주인 의식을 가져야 성공한다는 뜻을 품고 있다.

나는 회사의 임원이지만 오너처럼 생각하고 운영하려고 애쓰고 있다. 조금 오버스럽다 할지 모르지만 어떻게 하면 회사를 더 발전시키고, 능률을 올리고, 더 많은 수익을 낼지 연구하기 위한 내 스스로의 각오다. '내가 이 회사의 주인이다', '내가 사장이라면 이 문제를 어떻게 해결할까?', '내가 사장이라면 이것을 어떻게 개선할까?'를 생각했다.

포 커스터머(Customer), 포 필드(Field) 고객이나 함께 일하는 직원에게 나의 이 결정이 도움이 되는가? 같은 질문들, 가치관들이 나의 판단 기준이 된 지 오래다.

모든 직원이 주인 의식을 가지고 일한다면 그 기업은 어떻게 될까? 당연히 나날이 발전하고 높은 수익을 올릴 것이다. 직원들은 더 많은 급여를 받을 것이다. 회사를 위해 수처작주 입처개진하는 것 같지만 결과적으로는 자신의 이익을 위한 것이다. 회사도 좋고 나도 좋고, 일석이조란 바로 이런 것이다.

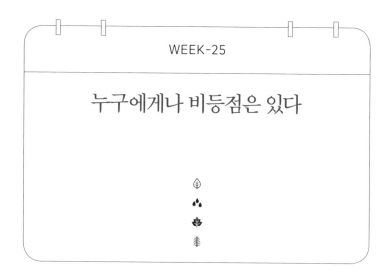

누구에게나 비등점은 있다

어떤 액체는 1,000도에서 끓고 어떤 액체는 100도에서 끓듯이 사람마다 비등점은 다르다. 우리가 흔히 사용하는 부탄가스는 끓는 점이-0.5도이기 때문에 그보다 높은 공기 중에 나오면 기체가 되어 연료 역할을 한다. 이런 특성 탓에 -20도에서 부탄가스를 연료로 사용하면 제 역할을 하지 못할 뿐더러 때로는 아주 쓸모가 없다.

이는 사람에게도 고스란히 적용된다. 자신의 성분을 정확히 알아야 한다는 말이다. 하나의 사실을 이해하고 행동에 옮기기까지 유독 시간이 오래 걸리는 사람이 있는가 하면 변화에 민감해서 금세 적응하고 남들보다 빠르게 앞서 나가는 사람도 있다.

이를 다른 말로 대기만성형과 조류형이라고 부른다. 대부분은 조류형이 좋은 특성이라 말할 테지만 내 생각은 다르다. 그저 대기만성형은 비등점이 높은 사람일 뿐이다. 오랜 시간 노력해도 아무 변화가 없는 것처럼 보이지만 사실 조금씩 비등점이 높아지고 있다. 그렇게 조금씩 오르다 특성에 맞는 비등점에 닿는 순간 마치 빅뱅처럼 엄청난 변화가 찾아오는 경우를 여럿 봤다. 그러나 이런 특성을 파악하지 못한다면 원하는 비등점에 도달하기 전에 포기할 것이다.

사람을 만나는 것에도 이 비등점은 적용된다. 열 번 찍어 안 넘어가는 나무 없다는 말처럼 적어도 열 번은 만나야 진심이 통하고 마음이 움직이는 스타일이 있다. 희한할 정도로 아홉 번까지는 가망이 없어 보이던 사람이 열 번째가 되었을 때 한순간에 변화하기도 한다.

어떤 고객을 만났는데 난공불락 같은 사람이 있다 치자. 이럴 때 나는 그 사람에게 커피 100잔을 선물하라고 조언해 주겠다. 5,000원짜리 커피 100잔이면 50만 원이 된다. 고급 레스토랑에서 두 사람이 근사한 럭셔리 식사를 하고 값비싼 사케 한 잔씩 마시는 가격이다.

같은 50만 원을 쓰더라도 카페 커피 5,000원짜리를 100일 할 것인가, 한 끼 식사에 사용할 것인가는 당신의 선택에 달려 있다.

선택에 도움이 될 만한 질문을 하나 더 던질 수 있겠다.

"어느 쪽이 두 사람의 관계를 더 돈독하게 만들까?"

나의 선택은 당연히 전자다. 쓴 돈은 같지만 공들인 시간은 다르기 때문이다.

내가 아는 한 지인은 아내에게 365만 원이 들어 있는 통장을 선물한 적이 있다. 한 번에 365만 원을 입금한 게 아니라 매일 1만 원씩 절약해서 입금한 것으로 통장 메모에 아내에게 하고 싶은 말을 한 줄씩 적었다. 아내가 얼마나 감동했을지는 보지 않아도 충분히 짐작할 수 있을 것이다.

나는 이 이야기를 듣고 그 친구의 꾸준함을 굉장히 높이 평가했다. 300만 원을 "옛다!" 하고 생활비로 주는 것과는 완전히 다르다. 이 친구는 돈에 시간을 곱했다. 그만큼 가치도 커진다.

모두 조류형이면 좋겠지만 사실 조류형은 생각보다 많지 않다. 우린 대부분 대기만성형으로 비등점에 닿아 끓기까지 오래 기다려야 한다. 따라서 우리는 시간을 더해야 한다. 주식도 보험도 저축도 물론이다. 아무리 훌륭한 사람도 어제 만났는데 내 속마음을 다 열어 보이고 십년지기인 친구보다 더 신뢰할 수는 없다. 인간관계도

서로 신뢰하고 소중한 존재가 되기까지는 시간을 더해야 한다. 세상 모든 일이 그렇다. 한 번만 가지고는 안 된다. 꾸준함, 그것이 더해져야 완성되는 게 관계이기 때문이다.

JANUARY

FEBRUARY

MARCH

APRIL

MAY

JUNE

JULY

AUGUST

SEPTEMBER

OCTOBER

NOVEMBER

DECEMBER

JULY

7월

나는 건설적인 생각을 한다

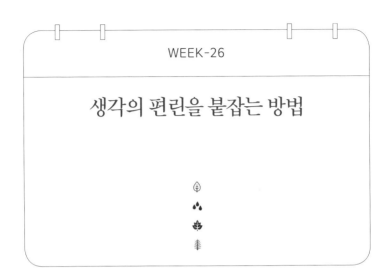

WEEK-26

생각의 편린을 붙잡는 방법

사람들은 백지 한 장을 쉽게 생각하지만 쓰기 나름이고 보기 나름이다. 백지 한 장도 우습게 볼 게 아니다. 영업할 때 나는 A4 용지한 장을 꼭 가지고 다녔다. 종이비행기를 접어서 날려 버릴 수도 있는 백지 한 장이지만 내게는 영업하는 데 큰 도움을 주는 일종의 비밀병기였다.

주변에서는 내가 백지 한 장을 챙기면 "A4 용지 한 장을 어디에쓰려고 하는데요?" 하면서 의아해 했다. 하지만 나는 백지에 글을 쓰기도 하고 낙서하며 마음의 안정을 얻기도 했다. 때때로 아이디어를 적는 메모장이 되기도 했다. 특히 이 백지 한 장에 그림을 그려고객을 설득함으로써 많은 계약을 성사시켰다.

그뿐인가? 네 귀퉁이를 잘 접어서 균형을 맞추면 의외로 버티는 힘이 강하다는 것을 알 수 있다. 포크를 올려놓을 수 있을 정도다. 만약 네 명이 귀퉁이를 잡으면 더 무거운 것도 올릴 수 있을 것이다. 팀워크만 잘 맞으면 얇은 종이가 버틸 수 있는 한계치보다 몇 배의 강도를 버텨 낼 수 있다. 이것이 종이 한 장의 힘이다. 보잘것없어 보이는 백지 한 장도 쓰기 나름이고 의미를 부여하기 나름이다. 작은 차이가 큰 결과를 만들어 낸다.

사실 메모하는 습관이 얼마나 중요한지는 굳이 강조하지 않아도 누구나 알고 있을 것이다. 그럼에도 실행에 옮기는 사람은 많지 않다. 고작 1퍼센트 정도가 습관적으로 글을 쓰거나 메모를 한다고 한다. 여기서 중요한 사실은 세계를 이끌어 가는 리더를 포함한 성공한 사람, 역사적인 위인의 대다수가 이 1퍼센트에 해당된다는 것이다.

사람은 누구나 천재적인 두뇌를 갖고 있다. "저는 머리가 그렇게 좋지 않은데요"라고 생각하는 사람도 있겠지만, 아니다. 사실 인간은 모두 천재다. 우리가 가진 능력의 극히 일부분만 사용하기 때문에 자신의 능력이 얼마나 무궁무진한지 미처 알지 못할 뿐이다. 한 연구에 의하면 우리 뇌의 정보 용량을 최소한으로 잡아도 컴퓨터 최대 용량의 100만 배라고 한다. 단지 사람의 뇌가 통상적으로 사용할 수 있는 에너지가 적기 때문에 뇌의 출력이 컴퓨터보다 떨어질 뿐이다. 이런 이유로 메모하는 습관은 꼭 필요하고 중요하다. 그리고 모두 알고 있다.

만약 메모하는 습관이 없다면 작은 것부터 실행해 볼 것을 권한다. 약속이 잡히는 대로 메모하거나 그때그때 얻은 정보나 지식을 기록하는 일이다. 일기를 다시금 써 보는 것도 좋은 방법이다.

나 역시 열심히 메모하는 사람이고 그 메모를 통해 얻은 것이 많은 사람이다. 몇 해 전까지만 해도 수첩을 가지고 다녔지만 지금은 다양한 기능을 제공하는 스마트폰 애플리케이션을 사용할 뿐이다. 애플리케이션이 종이 수첩보다 좋은 점은 언제 어디서든 휴대폰만 있으면 생각을 기록할 수 있을 뿐 아니라 필요한 정보를 함께 담을 수 있다. 기사나 정보를 캡처한 다음 다시 읽을 수도 있고 강연을 링크해 두는 것도 가능하다.

나 같은 경우는 오감을 활용한 다양한 메모를 남겨 두는데 나중에 볼 때 지나가 버린 느낌을 되살리는 데 도움이 된다.

'최상의 상태에서 사람을 맞이해야 한다'

'모든 시각을 달리하라' 같은 메모를 남기면서 영감을 줬던 사진까지 같이 첨부하는 것이다. 녹음이나 동영상 기능을 활용해서 영감을 극대화하기도 한다.

꼭 애플리케이션을 활용하라는 말이 아니다. 종이 수첩을 사용해도 무관하다. 중요한 것은 자신만의 수첩을 만드는 일이다. 메모장이든, 수첩이든, 메모 애플리케이션이든 활용하면 필요할 때마다 끄집어낼 수 있고 나중에 읽어 보면 메모를 했을 당시의 상황이나 느낌을 알 수 있다. 메모를 남겨야만 나를 스쳐 지나가는 생각의 편린을 잡아 둘 수 있다. 창의적인 생각이나 번뜩이는 아이디어는 내가 정해 놓은 시간에 떠오르지 않는다. 일정한 장소에 가야 나를 찾아오는 것도 아니다. 어떤 것을 보거나 뭔가가 생각났을 때 바람처럼 스치는 경우가 많다. 그 순간 바로 그 생각의 편린을 붙잡아 둬야한다. 인류의 많은 발명품도 메모에서 나왔다.

WEEK-27

저 창문은 왜 격자로 되어 있을까?

나는 항상 프로세스를 강조한다. 세일즈에도 7단계 프로세스가 있다.

1단계, 가망 고객 발굴

내가 서비스하는 상품을 구매할 가능성이 있는 고객을 찾아내는 것이다.

2단계, 가망 고객에게 전화하고 면담 약속 잡기

전화를 걸어 가망 고객과 신뢰를 형성하고 면담 약속을 잡는다.

3단계, 초회 면담을 통한 팩트 파악

가망 고객과 초회 면담을 하면서 가망 고객이 처한 가장 큰 문제와 원하는 것, 고객의 니즈를 정확히 찾아낸다.

4단계, 고객의 상황에 맞는 프레젠테이션

고객의 상황과 니즈에 도움이 될 상품이나 서비스를 제시하고 프레젠테이션을 한다.

5단계, 클로징

고객과 밀접하게 상품에 관해 논의하면서 질문을 받고 판매에 장애가 되는 요인을 제거해 나간다.

6단계, 상품 전달 및 판매 확정

가망 고객을 내 고객으로 바꾸는 단계로 실적과 직결되는 중요한 단계다. 많은 사람이 고객과 친밀하게 지내고 좋은 제품을 소개했는데도 구매 행위로 연결시키지 못해 실패하곤 한다.

7단계, 후속 조치 및 소개받기

세일즈를 성사시킨 후 후속 조치를 완벽하게 함으로써 다른 상품도 구매하게 하거나 다른 고객을 소개받는다. 인터넷으로 물건을 살 때 직접 사용해 본 사람들의 후기가 중요하듯 세일즈도 직접 서비스에 가입한 사람의 소개가 판매에서 가장 효과적이다.

나는 세일즈에 종사한다면 세일즈 프로세스 7단계를 숙지하고 그 과정을 하나라도 빠트리면 안 된다고 생각한다. 그런데 세일즈 종사자 중 "세일즈 프로세스 7단계가 뭔데? 그런 게 있어?" 하는 사람이 의외로 많다. 당연히 성과가 떨어질 수밖에 없다.

사실 세일즈로 성공하고 싶다면 프로세스 7단계를 실행하는 데 그치지 않고 한 단계 더 나아가야 한다. 프로세스에서 무언가 개념화된 것, 형상화된 것을 구체화시킬 줄 알아야 한다. 프로세스에 추론을 더해야 한다는 말이다. 예를 들어 Chair라는 단어를 그냥 Chair라고만 하면 내 눈앞에 있는 의자가 아니다. 의자를 특정하기 위해서는 A chair 혹은 The chair라고 해야 한다. 보통명사 Chair를 내 눈앞에 있는 바로 저 의자로 구체화시키기 위해서는 관사가 붙어야 한다.

구슬이 서 말이어도 실에 꿰어야 팔찌나 목걸이로 사용할 수 있다. 마찬가지로 가망 고객이 아무리 많아도 내가 직접 움직여야만 나의 고객이 된다. '만나야지. 소개도 받아야지' 하고 말로만 혹은 마음속으로만 결심하는 것이 아니라 직접 움직여야 한다. 이때 프로세스를 정해 놓고 어떻게 만날까, 어떻게 하면 저 사람의 마음을 움직일 수 있을까, 고심하고 고뇌하며 추론을 더해야 그(그녀)가 나의 고객이 된다.

실제로 이미 프로세스가 정해진 일이 많다. 그럴 때는 그 프로세스를 아무 생각 없이 받아들이지 말고 '왜 이렇게 했을까' 하고 생각해 봐야 한다. 생각의 힘을 기르라는 것이다. 창문이 격자로 되어 있으면 '저 창문은 왜 격자로 되어 있지?' 하고 생각을 해 보는 것이다. 격자는 어떤 느낌을 줄지 추론해 보는 것이다.

격자무늬는 보는 사람에게 안정감을 준다. 통유리는 개방감은 있지만 다소 안정감이 떨어진다. 하지만 그 유리창에 바다 전망이 노출된다면? 그때는 격자무늬보다 통유리가 창밖의 풍경을 즐기는 데 훨씬 더 좋을 것이다.

이처럼 유리창 하나를 설계해도 집의 구도와 주변 상황 등을 고려해서 디자인을 달리한다. 그런 배경을 가정하고 유리창 하나에도 생각하는 훈련을 하면 생각의 힘은 점점 커진다. 사물을 볼 때 관찰하면서 추론해 보는 것, 생각 훈련을 많이 하는 것은 나를 다른 차원으로 끌어올린다.

프로세스도 마찬가지다. 그 프로세스 하나하나에 생각을 더해 보라. 추론하지 않으면 생각하는 힘은 없어진다. 반면에 생각하고 추론할수록 생각의 힘은 점점 더 커진다.

'포크는 왜 이렇게 만들어졌을까?'

'왜 이 물건을 만들었을까?'

'왜 약간 휘게 만들었을까?'

생각의 힘을 키우면 밥상에 올라온 젓갈 한 가닥에서도 바다를 볼 수 있고 배추김치 한 조각으로도 대관령의 푸른 농장을 볼 수 있다. 상대성이론으로 유명한 아인슈타인의 많은 과학적 성과가 오로지 그의 머릿속에서 나왔다는 것을 아는가? 추론해서 프로세스를 만들어 내고 만들어진 프로세스를 보고 거꾸로 그 이유를 생각해 보는 이 두 가지를 모두 잘하면 남들과 차원이 다른 경쟁력을 지니게 된다.

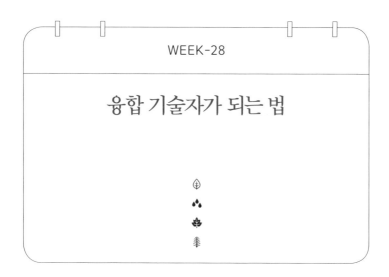

WEEK-28

융합 기술자가 되는 법

혼자서 달나라에 우주선을 보내거나 우주 정거장을 만들 수는 없다. 우주선만 해도 엔진을 만드는 사람, 본체를 만드는 사람, 날개를 만드는 사람이 제각기 다르다. 그리고 이것을 융합하는 사람이 있다.

사람들은 보통 자동차나 비행기, 우주선을 만드는 네만 기술자가 있다고 생각하지, 융합하는 사람이 있다고는 생각하지 않는다. 애초에 필요하다고도 생각하지 않는다. 하지만 융합하는 사람이 있어야 비행기가 날고 전철이 달리고 배가 나간다. 바퀴를 만드는 사람이 바퀴를 잘 만든다고 자동차가 굴러가는 것이 아니다. 융합 기술자가 있어야 한다.

우리가 인문학을 배우는 이유도 같다. 인문학에서 배운 것으로 자기 생각을 융합하기 위해서다. 그래야 좋은 솔루션이 나온다. 예전에는 결정이든 발명이든 한 사람이 다 했지만 그건 그 시대 얘기다. 예전처럼 한 사람이 모든 것을 다 하는 시대는 지났다. 융합하는 훈련이 필요한 이유다.

그래서 젊은 인재의 등용은 중요하다. 우린 등용을 통해 그들의 생각을 얻을 수 있다. 그들이 살아온 세상과 생각하는 배경이 지금의 우리와 다르니 생각 자체가 통통 튄다. 나 역시 젊은 그들에게 생각이나 견해를 묻고 필요하면 가져다 쓰기도 한다.

내가 모든 것을 잘할 필요는 없다. 자신이 아는 것을 우선적으로 이용해야 하지만 거기서 답이 나오지 않으면 주변을 모색해서 대안을 찾는 걸 주저할 필요가 없는 것이다. 자기 안의 생각뿐만 아니라 주변의 생각까지 더해 융합하는 게 대세인 현재니까.

세계적 공룡 기업이 된 아마존 역시 기존에 있던 것을 모아서 하나로 융합한 것이다. 마찬가지로 우리의 생각도 기존의 것들을 카피해서 그것들을 업그레이드하면 새로 만들어 내는 것만큼 가치 있어진다. 이를 위해서는 다른 사람의 생각에서 도움을 받고 창의적인 아이디어를 품는 사람이 되기 위해 책도 많이 읽어야 한다. 책이 좋은 점은 다른 사람의 지식과 경험을 읽으며 내 경험으로 리프레시

되기 때문이다. 머릿속 복잡했던 것들이 일순간 정리될 때가 많다. 나의 생각과 일치하는 문장을 책에서 발견하면 생각에 확신이 생기고 깨닫지 못했던 부분들을 간접 경험하며 새로운 견해를 얻을 수도 있으니 말이다.

모든 것을 직접 경험하기에는 세상의 변화 속도가 너무 빠르다. 따라서 여러 루트를 통해 생각을 융합하고 합성할 재료를 얻어 내야 한다. 직접이든 간접이든 경험해야 더 좋은 것이 나온다.

생각대로 되는 인생사

나는 에너지는 한 방향으로밖에 못 쓴다고 생각한다. 잘 생각해 보라. 반대 방향으로 작용하는 에너지끼리 합하면 없어지고 만다. $(-10)+(+10)=(0)$인 것처럼 힘을 줬다 말았다 하면 0이 된다. 내가 한 일에 대한 결과를 보고 싶다면 힘을 줬다 또다시 그 방향으로 힘을 줘야 한다. 힘을 한 방향으로 써야만 원하는 성과에 이를 수 있다. 긍정도 절대 긍정이 그렇다. 긍정도 한 번만 하는 게 아니라 절대적 인 꾸준한 긍정을 해야 성과가 나온다. 내가 CEO가 되고 싶다면 자 신의 뇌에 CEO를 장착해야 한다. CEO를 장착하려면 CEO처럼 생각해야 한다. CEO처럼 회사가 발전하기 위해서는 어떤 부분을 개선해야 할지 회사의 비용도, 회사가 처한 상황도 아울러서 생각해 보는 것이다. CEO라서 CEO처럼 생각하는 게 아니라 처음부터 CEO처럼 생각해야 한다.

우리 인생은 생각한 대로 이뤄진다. 물론 이 말을 단호하게 부정하고 싶은 사람도 있을 것이다. 하지만 내 경우 이 사실을 부정하기 힘들다. 생각은 곧 믿음과 연결된다. 따라서 생각 훈련을 많이 하면 생각한 대로 되는 나를 볼 수 있다. 많은 책에서도 말하지 않는가. '생생하게 떠올리면 된다'고!

생각은 뇌를 지배한다. 따라서 뇌를 잘 활용할 때 우리 인생도 한층 풍요로워진다. 근육이라고는 하나도 없는 사람도 몸짱 대회, 머슬퀸 대회에 출전하기로 마음먹고 혹독하게 근력 운동을 하면 근육이 울퉁불퉁 생겨난다. 아이돌 가수도 열심히 운동하면 소위 왕(王) 자 복근을 드러내고 화보를 찍을 수 있다. 나는 생각도 근육과 같다고 믿고 있다. 생각하는 훈련을 하면 할수록 생각 근육도 자라나고 튼튼해진다.

그렇다면 어떻게 해야 생각하는 방법을 바꿀 수 있을까?

생각의 프레임을 바꾸면 된다. 하던 대로 해서는 더 나아지지 않을 거라 판단되면 생각의 틀부터 바꿔야 한다. 각자 스스로 목표를 정해 보는 것이다. 성취 가능한 목표를 제시하고 달성했다면 인센티브를 줘 보자.

만약 "넌 도대체 무슨 생각을 하며 사니?"라는 말을 자주 듣는다면 진지하게 생각해 볼 필요가 있다. 나는 나의 뇌에 어떤 것들을 주입하고 몰입하고 있는지를 말이다. 누군가 "이것은 이래" 하고 말했을 때 "나는 그렇게 생각하지 않아" 할 줄 알아야 한다. 만약 "그것은 그렇구나" 하고 말해 왔다면 반성해야 한다.

생각도 반복적으로 자주 해야 성장한다. 냉정하게 말하면 그런 생각을 하라고 4킬로그램이 넘는 머리를 들고 다니는 것이다. 동물보다 더 좋은 지능을 가졌음에도 생각 없이 산다면 하루살이와 무엇이 다른가?

JANUARY

FEBRUARY

MARCH

APRIL

MAY

JUNE

JULY

AUGUST

SEPTEMBER

OCTOBER

NOVEMBER

DECEMBER

AUGUST

8월

나라는 브랜드

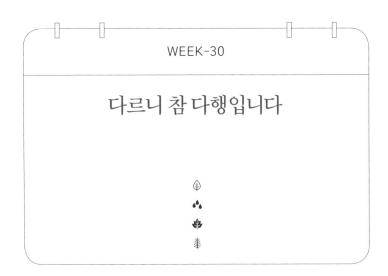

WEEK-30

다르니 참 다행입니다

하나의 목표를 향해 모두가 뛰면 필연적으로 등수가 매겨지지만 360도, 각 방향으로 뛰면 모든 사람이 1등을 할 수 있다. 그런데 여기서 한 가지 명심할 게 있다. 남들과 다른 방향으로 나아가되 그 방향에서 성공하려면 자신만의 브랜드를 만들어야 한다는 것이다.

나는 우리가 각자 다르게 태어난 이유가 있다고 생각한다. 모든 사람이 얼굴도, 태어난 이유도, 성품도, 취향도 다르듯 분명 남과 다른 능력이 내게도 있을 것이다.

영화 〈포레스트 검프〉 속 포레스트 검프의 능력은 하나만 보고 달리는 것이다. 말도 어눌하고 장애도 있지만 목표를 정하면 그것에만 집중한다. 누군가를 구해야겠다고 생각하는 순간 사력을 다해 구하고, 사랑하는 사람이 생기면 온 마음을 다해 사랑하고, 마라톤을 할 때는 오로지 앞만 보고 달린다.

사회에 통용되는 잣대를 적용하면 모자란 사람에 그쳤을 포레스트 검프는 장점을 극대화해서 자기만의 브랜드를 만들어 나간다. 우리는 이처럼 영화 속 캐릭터를 통해서도 통찰력을 얻을 수 있다. 장애가 있어도 자신만의 브랜드를 만들 수 있다는 걸 영화는 깨닫게 해 준다.

사실 주변을 돌아보면 케이스는 많다. 스티븐 호킹이나 서울대 이상묵 교수처럼 신체적으로는 장애가 있어도 뛰어난 업적과 능력을 가진 과학자가 적지 않다. 의사도 있고 검사도 있다. 결국 신체적인 장애가 아닌 내 마음의 장애가 더 큰 문제가 되는 것 아니겠는가!

누구나 다르다고 생각하면 승자도 패자도 없는 법이다. 물론 어떤 부분에서는 부족할지 모른다. 하지만 누구나 남들보다 더 우수한 능력이 한 가지는 있다. 그런 능력을 잘 찾아내 개인 브랜드로 특화시키고 차별화시키면 된다. 자신을 찾는 과정이 중요한 이유가 여기에 있다. 자신만의 브랜드를 만들어도 경쟁력이 없으면 승산이 없다.

한때 우리나라 기업은 제품을 수출할 때 메이드 인 코리아(Made in Korea)를 강조하지 않았다. 국가 경쟁력이나 브랜드 가치가 낮았기 때문에 메이드 인 코리아를 강조하는 순간 코리아 디스카운트를 받아야만 했다. 지금은 어떤가? 우리나라의 브랜드 가치가 높아지면서 코리아 프리미엄이 붙고 있다. 제품을 구매할 때도 고가의 명품이 아닌 이상 국내산 제품을 더 신뢰한다. 우리나라의 브랜드 가치가 그만큼 높아졌다는 반증이다.

다시 말해 브랜드 인지도를 높여야 경쟁력이 있으며 성공할 수 있다. 그렇다면 어떻게 브랜드 인지도를 높일 수 있을까? 일단 남들과 똑같이 해서는 승산이 없다. 남과 다른 발상, 생각의 전환이 필요하다. 일화 하나를 살펴보자.

스파르타의 어느 장군이 아들에게 무술 훈련을 시키면서 남들보다 짧은 창을 줬다. 그러자 아들이 반박했다.

"아버지, 다른 애들은 긴 창으로 훈련하는데 왜 제게 짧은 창을 주시나요? 짧은 창으로 싸우면 질 게 뻔한데요."

언뜻 생각하면 아들의 말이 맞는 것 같다. 짧은 창이 길고 큰 창보다 불리해 보인다. 그런데 장군은 이렇게 대답했다.

"오히려 큰 창일수록 동선이 커지고 민첩성이 떨어져 움직임이 둔해지는 법이란다. 싸움이 시작되면 네가 더 위험해질 수 있어. 네가 한발 더 나가면 아무 문제가 없으니 짧은 창을 가지고 민첩하게 한발 더 전진해서 싸우는 법을 터득하면 된단다."

장군의 말은 환경이나 상황에 대한 기존의 생각을 파기하는 것이다. 그렇다. 똑같은 것으로는 경쟁력이 없다. 이런 점에서 브랜드를 갖춘 개인이나 기업은 얼마나 훌륭한가! 그러나 최근 들어 저 사람이 저런 행동을 할 줄 몰랐는데 하는 생각이 들게 하는 유명 인사가 많다. 오너 갑질이니 뭐니 해서 사람들 입에 오르내리는데 아무리 개인이라 해도 기업의 브랜드 이미지에 타격이 가지 않을 수 없다. 소비자들이 불매운동을 벌이는 일도 다반사다. 특정 기업에 대한 불매운동이 일어나면 더 이상 고객의 눈에는 그 기업이 매력적이지 않다.

자신이 한 말에 약속을 지키려고 노력하고 좋은 브랜드 평판을 유지하기 위해 작은 것 하나하나에 주의를 기울이자. 옷차림도 브랜드 이미지와 인지도를 높이는 방법 중 하나다. "내면이 중요하지, 옷차림이 뭐가 중요해"라며 무관심한 사람이 많다. 하지만 신언서판(身言書判)이라는 말처럼 그 사람의 능력보다는 상대의 옷차림, 자세, 태도, 말투 등이 먼저 보이기도 한다. 너무 무관심하게 대응해서는 안 될 일이다. 어제보다 오늘이 낫고 오늘보다 내일이 더 나아지자는 마음으로 나라는 브랜드 평판을 어떻게 유지할 것인지 고민해보자.

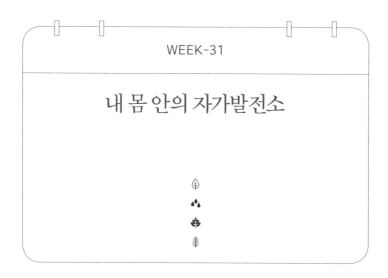

WEEK-31

내 몸 안의 자가발전소

2002년 비가 엄청나게 내린 어느 날 아무도 없는 집에서 잠을 자고 있었다. 그날 연기가 올라오면서 영안실처럼 커다란 파란색 철문이 쫙 열리는 꿈을 꿨다. 그 문이 열릴 때 4자가 보였고 그 문에서 〈반지의 제왕〉〈스타워즈〉 같은 영화에 등장할 법한 음산한 차림의 사람들이 쿵 하고 내려왔다. 그들은 모두 망토를 입고 안이 검은 두건을 쓴 채 해골 지팡이를 들고 있었다. 그 장면이 어찌나 무서운지 일어나려고 했지만 몸이 말을 안 들었다. '꿈이구나, 내가 지금 가위에 눌렸구나' 싶어 열 번쯤 "얍!" 하며 일어나려고 노력하니 간신히 몸을 움직일 수 있었다. 그러나 여전히 무서운 존재들은 방에 보였다. 잠시 기절했다 일어났더니 그제야 그들은 사라지고 없었다.

깨어나긴 했지만 119를 부르기 위해 휴대폰을 손에 쥐기까지 두 시간 반이 걸렸다. 몸에 힘이 없었다. 간신히 119를 눌렀고 구급 요원들이 왔지만 문을 열 수가 없었다. 몸이 움직이지 않았고 도어 락 비밀번호도 생각나지 않았다. 구급 요원들은 옥상에서 밧줄을 타고 창문과 마주섰다. 당시 한강변에 집을 사서 인테리어를 새로 했는데 구급대원들이 그 통유리를 깨고 들어오겠다고 나를 향해 소리치고 있었다. 그때 사람이 얼마나 어리석은 존재인지 절감했다. 목숨이 경각에 달린 상황에서도 '통유리를 깨고 들어오면 돈이 아까워서 어떡하지'라는 생각이 들었다. 다행히 구급대원들이 통유리를 깨고 들어오기 전에 도어 락 비밀번호가 떠올라 수화기 너머로 말해 줄 수 있었다.

우여곡절 끝에 5시쯤 구출되어 병원으로 이송되었다. 병원에서는 몹시 위험한 상태라며 생명을 잃을 수도 있으니 가족에게 연락하라고 했다. 검사를 위해 채혈을 해야 하는데 바늘이 들어가지를 않아서 발등에 주사기를 찌를 정도였다. 지금은 다 나았지만 당시만 해도 사지가 마비되어 손가락, 발가락도 움직이지 못하는 채로 중환자실에 일주일 이상 입원해야만 했다. 중환자실에 누워 있을 때 가장 부러운 사람이 간호사였다. 걸어 다니는 것 자체가 너무나 부러웠다. 이 일이 나로서는 깨달음을 얻은 계기가 되었다. 걸어 다니기만 해도 행복한데 그것을 왜 몰랐을까? 왜 나는 먼 데서 행복을 찾았을까?

예전에는 어떤 현상을 보거나 정신적·육체적·업무적으로 문제가 생기면 힘으로만 이겨 내려고 했다. 그러다 보니 스트레스가 많았다. 사람 관계에서도 마찬가지였다. 그럴 때마다 나는 주변 사람들과 환경을 탓했다. 그런데 죽을 고비를 넘기고 보니 인생을 부정적으로 봤던 결과물이 이런 거구나 하는 생각이 들었다.

이 일을 겪은 뒤 언제나 1등을 달리던 나는 2등이 되었지만 정신적으로는 한층 성숙해질 수 있었다. 세상 끝에 있는 무언가를 생각했고 나는 어떻게 살아야 할까를 고민했다. 돌이켜 보면 엄청난 죽음의 공포를 통해 내면이 성숙해질 수 있었다. 움직이지 못하고 누워만 있는 동안 긍정적으로 생각하는 훈련을 할 수 있던 셈이다. 비워야 다시 채울 수 있고 잃어 봐야 내가 가진 것이 얼마나 많았는지 그 소중함을 깨달을 수 있다는 말을 실감했다. 세상 이치가 그렇다.

나는 2008년에 『절대 긍정』을 출간했다. 절대적으로 긍정적인 사람이어서가 아니라 긍정적인 사람이 되고 싶었기 때문에 쓴 책이다. 당시 나는 스스로 어려움을 이겨 내는 내면의 힘이 부족하다고 판단했다. 그 이후에도 이런저런 난관과 시련이 있었다. 힘든 상황에서 사기를 당하기도 했고 억울하게 영업 정지를 당하고 회사에서 징계를 받기도 했다. 그럼에도 불구하고 오뚝이처럼 다시 일어섰다. 10년이 지난 지금 이유를 곰곰이 생각해 보니 책 이름처럼 내 인생의 키워드를 절대 긍정으로 잡은 덕분이었다.

큰 건물은 대부분 자가발전 시설을 가지고 있다. 대표적으로 사람들의 병을 고치는 병원은 정전이 되면 자가발전을 통해 환자들을 치료한다. 만약 엘리베이터 안에 사람이 있거나 치료 중인 환자가 있는데 전기가 끊기면 되돌릴 수 없는 사고로 이어지기에 자가발전 시스템을 가동한다. 사람도 마찬가지다. 최악의 환경에 처하거나 치명적인 사고가 발생했을 때 그것을 이겨 낼 수 있는 발전소가 몸 안에 있어야 한다. 내 몸 안에 자가발전소, 즉 긍정의 플랫폼이다.

긍정은 스스로를 일으켜 세우는 힘이다. 긍정의 플랫폼을 장착하고 긍정 마인드로 세상을 바라보자 사람을 보는 관점이 달라졌다. 달라진 관점으로 생활하다 보니 돈으로 환산하지 않는 관계가 많이 생겼다. 직원을 단순한 직원이 아닌 친구나 좋은 선후배로 생각하게 되었다. 자연스레 주변을 보는 시선도, 관계도, 마음도 바뀌었다.

지금은 내 안의 자가발전소가 더 커졌다. 긍정적으로 받아들일 수 있는 면이 더 많아진 것이다. 달리 표현하면 어떤 상황에 대처하는 능력이나 도량이 더 커진 느낌이다. 일이 잘 풀리지 않아도 느긋하게 받아들인다. 잘나가고 일이 잘 풀릴 때 교만해서 망가진 경험 때문에 잘될 때 오히려 주의한다. 한발 물러서서 생각해 보는 여유가 생겼고 결과보다 과정과 사람을 사랑할 수 있게 되었다. 결과를 추구하지 않고 돈을 생각하지 않게 되자 사람의 마음까지 얻을 수 있었다. 세상에서 가장 행복한 부자는 돈이 많은 사람이 아니다. 사람이 많은, 사람 부자다.

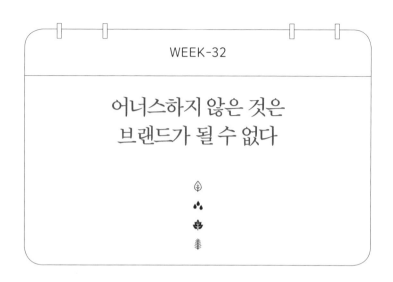

WEEK-32

어너스하지 않은 것은
브랜드가 될 수 없다

나는 누구나 LPV를 실천해야 한다고 생각한다. 자신이 속한 조직에 충성심(Loyalty)이 있어야 하고, 자신이 하는 일에 전문성(Professional)을 지녀야 하며, 스스로 가치(Value)를 창출해 내야 한다고 말이다. 최근에는 여기에 하나를 더 덧붙여 강조하고 싶다. 바로 의와 격이다.

〈왕좌의 게임〉이란 드라마 시리즈가 있다. 이 드라마에는 야경대가 나오는데 이들은 격과 의를 강조하며 자부심을 내보인다. 자신의 역할에 충실하고 책임을 다하는 것. 나로서는 공감 가는 부분이 많았다. 장교 시절에 격과 의를 배웠기 때문이다.

이는 군에만, 단체에만 해당되는 내용이 아니다. 우리는 살아가면서 품격(品格)과 격조(格調)를 지켜야 한다. 아무리 자유주의와 민주주의를 표방하는 사회라 해도 말이다.

자유주의의 상징처럼 여겨지는 미국에서도 비즈니스 매너는 반드시 지킨다. 상사 앞에서 책상 위에 다리를 올려놓는 행위가 용납되는 자유분방한 사회 같아도 상황과 분위기에 따라 엄격하게 지켜지는 매너가 분명 있다. 그들은 식사 자리에서 나이프는 오른손으로 포크는 왼손으로 잡는다. 식탁 왼쪽에는 빵을 놓고 오른쪽에는 물을 둔다.

지나치게 형식에 치우치라는 말이 아니다. 스스로 정한 격과 의를 지키라는 말이다. 내 좌우명 중 하나가 신의다. 나는 메트라이프생명보험에 들어온 이후 한 번도 이직을 하지 않았다. 고객에 대한 신의를 지키기 위해서다. 초창기에 나의 고객이 되어 준 고마운 분들이 "20년 만기 보험을 다 납입할 때까지 그 회사에 있을 거예요?"라고 물었을 때 나는 "보험료를 모두 납입할 때까지 회사를 옮기지 않겠습니다" 하고 약속하고 보험 상품을 팔았다. 초창기에 가입한 분들은 아마 보험료 납입 만기가 되었을 것이다.

내가 회사로 영입한 직원들도 마찬가지다. "이 회사 정말 좋은 회사야. 한 번 열심히 일해 봐. 열심히 일한 만큼 보람이 있을 거야"라고 말해 놓고 내가 중간에 그만두면 되겠는가?

STAR MGA라는 내 지점을 구축할 때도 반드시 지키는 원칙이 있었다. 타사에서 인재를 영입할 때도 반드시 영업부터 해야 한다는 것이었다. 예우는 하지만 바로 매니저를 시켜 주지는 않았다. 기존 직원들에 대한 예의인 동시에 우리 회사의 격과 의를 갖추는 기간을 두기 위해서였다. 이런 것들이 바로 브랜드가 된다. 어너스(Honors)하지 않은 것은 브랜드가 될 수 없다. 의를 지킬 때 조직원이나 고객 입장에서 로열티가 생긴다. 명문가나 사대가, 귀족들도 그런 모습을 보여 준 사람들만 존경을 받았다.

그 돈이 언제나 당당하게 만들 것이다

나는 1000만 원의 현금을 가지고도 항상 세상에서 가장 큰 부자였던 분을 알고 있다. 바로 우리 아버지다. 아버지는 항상 현금 1000만 원을 지갑에 가지고 다녔다. 그것도 수표로! 수표가 없으면 5만 원짜리 지폐나 달러로 500만 원을 항상 양쪽 주머니에 넣고 다녔다. 어쩌다 돈을 쓰면 다시 채워 놓았다.

아직 어린 나이였던 어느 해 나는 아버지에게 결혼을 하겠노라 선언했다. 아버지는 승낙하셨지만 금전적 지원은 요청하지 않는다는 조건이 달렸다. 당연히 아르바이트를 해야 했는데 첫 달이 문제였다. 저축한 돈은 없고 아르바이트비는 다음 달에나 지급될 예정이었다. 그래서 아버지가 안 계실 때 몰래 방에 들어가서 아버지 지갑을 찾아 수표 두 장을 뺐다. 고작 두 장이라 모를 줄 알았는데 다음 날 바로 호출되어 크게 혼이 났다.

'어떻게 알았을까?'

수표가 수북한데 달랑 두 장을 어떻게 아셨는지 이해가 가지 않았다. 이어서 든 생각은 '왜 1000만 원일까?'였다. 아버지에게 들은 답은 이랬다.

"주머니에 있는 돈만 내 것이다. 현금을 가지고 다니다가 잃어버릴까 봐 걱정할 일은 아니다. 소매치기를 당할지도 모른다고 걱정할 필요도 없다. 그 돈이 언제나 당당하게 만들 것이다. 너 역시 그런 태도를 만들어야 한다. 그러니 돈을 가지고 다녀라."

아버지의 1000만 원은 항상 아버지의 마음을 든든하게 하고 자신감 있게 만들어 줬다. 소매치기를 당할 확률도 적다. 신경이 쓰일 수밖에 없는 금액이니까. 만약 그 돈을 잃어버린다면 깨어 있지 않았거나 주변이 산만했거나 조심성이 없었다는 뜻이니 말이다.

실제로 아버지는 늘 돈을 가지고 다녔지만 잃어버린 적이 없었다. 아버지는 마지막 순간까지도 돈에 관한 당신의 철학과 지론을 굽히지 않으셨다. 아버지는 돌아가시기 사흘 전까지도 지갑에 1000만 원을 넣어 두셨다.

물론 아버지의 방법이 옳다는 건 아니다. 어쩌면 아버지만의 특별한 자신감 채우는 방법이었는지도 모른다. 나도 감히 시도하지 못하고 있다. 하지만 자신감을 가진 사람 특유의 긍정적인 모습은 내게 적잖은 영향을 끼쳤다.

이 곁눈질 배움은 회사 생활을 할 때 요긴하게 쓰이고 있다. 아직도 영어를 잘 못하는 나를 보고 하나같이 의아한 표정을 짓는다. 눈으로 "외국인 사장님과 어떻게 미팅을 하세요?" 하고 묻는 것이다. 비결은 우스울 정도로 간단하다. 영어를 잘 못한다고 솔직하게 말하는 것이다. 생각해 보면 알 수 있을 것이다. 외국인이 와서 "한국말 잘 못하는데 제 이야기 좀 들어 주시겠어요?" 하면 귀를 기울일 수밖에 없다. 마찬가지로 내가 영어를 못하는 사실을 고백하자 외국인 사장님은 내 말을 듣고 이해하려고 노력했다. 나는 외국인 사장님의 노력에 자신감을 얻어 나만의 진정성을 내비치는 데 힘을 쏟았다.

자신의 부족함을 직시하고 인정하면 오히려 자신감이 생긴다. 두려울 게 없다. 만약 내가 자산가를 만났다고 하자. 두려워할 필요가 있을까? 그 사람은 내게 10원도 주지 않을 자산가일 뿐이다. 커피 한 잔도 사지 않을 그 사람이 내게 무슨 의미가 있을까? 자신감은 바로 이런 당당함을 지닐 수 있게 해 주는 것이다.

JANUARY

FEBRUARY

MARCH

APRIL

MAY

JUNE

JULY

AUGUST

SEPTEMBER

OCTOBER

NOVEMBER

DECEMBER

SEPTEMBER

9월

**현재보다 더 나은
미래를 설계하는 힘**

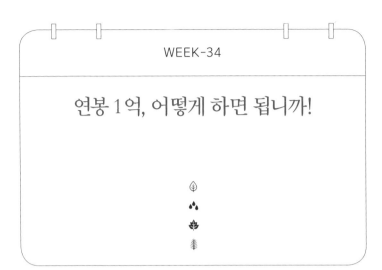

WEEK-34

연봉 1억, 어떻게 하면 됩니까!

"어떻게 해야 연봉 1억을 받을 수 있나요?"

"어떻게 하면 성공할 수 있나요?"

많은 사람이 나를 만나면 이렇게 묻곤 한다. 그러면 나는 상대에게 이렇게 되묻는다.

"근래 가장 많은 시간을 쓴 일은 뭔가요? 어떤 걸 하고 있나요? 연봉 1억이 목표라면 그 목표를 쪼개서 지금 뭘 해야 하는지 생각해봤나요? 그리고 그 목표를 위해서 무엇을 하고 있나요?"

상대방을 탓하고자 이렇게 되묻은 게 아니다. 상대가 원하는 목표를 이루게 하기 위해 가장 중요한 질문을 던진 것이다. 당장 한 달에 200만 원도 못 버는 사람이 연봉 1억 원을 원한다면 황당무계한 꿈을 좇는 것 같지만, 아니다. 목표가 얼마든 누구나 노력하면 달성할 수 있다. 다만 그 목표를 위해 무엇을 해야 하는지 그리고 지금 무엇을 하고 있는지의 인식 차이만 있을 뿐이다. 조급하게 결과만 얻으려 했을 때야말로 허황된 꿈이 되어 버린다.

영업을 할 때 나는 '저분을 두세 번쯤 만나야겠다. 그러고는 계약하게 해야지'라는 생각으로 접근하지 않았다. 그저 사람을 알고 싶었고 사람을 만나고 싶었다. 보험 계약은 거기에 따라오는 부산물에 불과했다. 그러다 보니 보험 계약을 서두르지 않게 되었다. 그 사람이 좋아서, 그 사람과의 만남 자체가 목적이었기 때문에 서두를 이유가 없었다.

만나는 시간도 내 스케줄보다는 가급적 상대 시간에 맞추려 노력했다. 그리고 서두르는 모양새를 보이지 않았다. 내가 서두르지 않아야 상대의 상황이나 입장이 보이고 배려심이 생기기 때문이었다. 그 와중에도 고객이 "저는 주말밖에 시간이 안 나요"라고 하면 맞췄고 때론 내가 맞추기 힘든 상황에서도 언제나 "언제가 좋으세요"라고 먼저 묻는 걸 잊지 않았다.

하지만 처음부터 그랬던 건 아니다. 나는 무척 조급한 사람이었다. 그러다 상대의 입장을 먼저 고려하는 상황이 있었는데 그때마다 성과가 좋게 나온다는 걸 알게 된 것이다. 서두르지 않았을 뿐인데 30분 단위로 사람을 만나는데도 전혀 힘들지 않고 오히려 즐거웠다. 사람들은 "이렇게 바쁜데도 어떻게 그렇게 여유가 있나요?" 하며 의아해 했다. 사실 30분 단위로 사람을 만나는데 여유가 있을 리 없었다. 서두르지 않으려 노력했기 때문에 다른 사람들 눈에 여유 있어 보였을 뿐이다.

욕심 때문에 서둘러 처리하려고 들면 안 된다. 빨리 그리려고만 하지 말고 집을 짓는다는 생각으로 기초공사를 한 후 일한다는 마인드가 그 어느 것보다 중요하다. 손이 많이 가도 집을 짓듯 하면 생각도 충분히 할 수 있다. 반면 지붕부터 그리면 속도는 빠르지만 집이라는 결과물은 결코 얻을 수 없다.

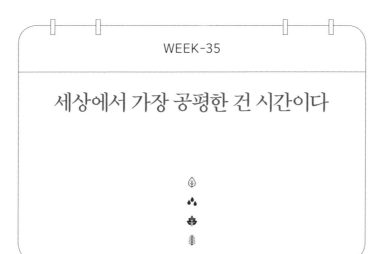

WEEK-35

세상에서 가장 공평한 건 시간이다

나는 매일 20명 이상을 만난다. 세미나나 단체 미팅을 하는 날은 그보다 훨씬 많은 사람을 만난다. 하루에 20명. 1인당 30분씩만 계산해도 10시간 정도 사람을 만난다는 계산이 나온다. 그러다 보니 수시로 힘들지 않느냐는 질문을 받곤 한다. 그 많은 사람을 만나면서 체력적으로 어떻게 버틸 수 있는지 궁금해 한다. 때론 내 건강을 우려하는 사람도 적지 않다.

나는 그때마다 마라톤에 비유한다. 마라톤 풀코스를 달리는 선수는 처음부터 42.195킬로미터를 완주했을까? 분명 처음에는 5킬로미터를 목표로 뒀을 것이고, 5킬로미터를 뛸 수 있게 되자 10킬로미터로 거리를 늘려 가다 종국에 42.195킬로미터를 완주하는 데 성공했을 것이다. 이후 기록이 점차 단축되는 단계를 거쳤을 것이다. 훈련을 통해 체력과 실력을 업그레이드시킨 것이다.

나 역시 처음에는 하루에 20명을 만나지 못했다. 몸이 힘들어서 그렇게 할 수 없었다. 하루에 7명을 만났는데 그게 할 만해져서 10명으로 늘리고 점차 적응하면서 만나는 사람을 늘렸더니 20명이 가능해졌다. 특별히 남들보다 기초 체력이 좋은 것도 아니다. 운동을 하긴 하지만 규칙적으로 시간을 내거나 완벽하게 건강관리가 될 만큼 꾸준하지도 않다. 오히려 나이가 들수록 체력은 떨어지고 있다.

비법은 습관에 있다. 체력의 빈자리를 습관이 메워 주기에 가능하다. 습관적으로 사람을 만나다 보니 힘도 덜 들고 체감이지만 기초 체력도 늘어난 듯하다. 매일 꾸준히, 시간 관리도 습관처럼 하다 보니 가능해진 것이다.

많은 사람을 만나야 하니 일찍 일어난다. 새벽 1시에서 1시 반 사이에 잠들지만 일어나는 시간은 매일 6시다. 일어나면 계획을 세우는 것으로 하루 일과를 시작한다. 일일 계획과 주간 계획을 세우는데 주간 계획보다는 일일 계획에 더 중점을 둔다. 오늘 만나야 하는 사람들을 떠올리면서 어떻게 할지 미리 머릿속으로 그린 뒤 시간을 체크한다. 그러고는 약속 시간보다 10분 전에 나가 대기한다. 쫓기면서 움직이는 것이 힘들어서 오래전부터 익혀 온 습관이다.

사람을 만나고 나면 예전에는 리뷰를 많이 했는데 요즘에는 훈련이 되어서 시간이 덜 걸린다. 남들은 어떻게 그 모든 것을 하느냐고 의아해 하지만 오랜 시간 몸에 밴 터라 어렵게 느껴지지 않는다. 24시간이라는 한정된 시간을 허투루 쓰면 안 된다는 걸 깨달았기 때문이다. 심지어 화장실에 있는 시간까지도! 모든 문자에 답신을 하고 리포트를 수십 장 검토해야 하지만 쓸데없는 일을 하지 않으면 가능하다.

세상에서 가장 공평한 것이 시간이다. 누구에게나 1년 365일, 하루 1,440분, 86,400초가 주어진다. 이렇게 주어진 시간을 우리는 다양하게 쓴다. 누구는 시간을 늘 쌓여 있는 자원인 양 쉽게 써 버리고, 누구는 1분 1초도 아껴 알뜰하게 활용한다. 이 작은 행동이 나중에 어떤 결과를 불러올지는 불 보듯 뻔하다. 나중에 말하겠지만 미래는 결정되어 있다. 누구한테나 똑같이 주어진 시간을 30분 단위로 관리하는 사람과 1시간 단위로 관리하는 사람, 관리하지 않는 사람의 미래는 분명 다르다. 당연히 시간을 관리하는 사람의 미래가 더 밝고, 그 사람이 더 잘살 수밖에 없다.

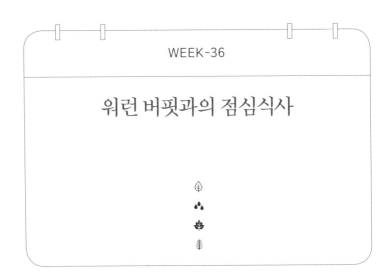

WEEK-36

워런 버핏과의 점심식사

드라마를 보거나 유흥 대신 나는 좋아하는 장소에서 사람을 만나는 걸로 시간을 많이 보낸다. 누군가와 만남 자체가 선물이고 릴렉스할 수 있는 시간이다. 책을 보고 음악을 들을 때도 가능하면 내가 좋아하는 곳으로 간다. 내게는 읽고 싶은 책을 읽고 차를 마시고 음악을 듣는 시간이 무척 중요하다. 낮에 10분 정도 취하는 쪽잠도 마찬가지다. 그 모든 것이 내 시간 관리에 포함되어 있다.

반대로 가족과 충분한 시간을 함께하지 못한다는 아쉬움이 항상 있지만—가족과 여행을 가거나 쇼핑을 하면서 느긋하게 시간을 보내는 것이 가장 큰 숙제다—대신 밀도 있게 소통하기 위해 매일 전화 한 통, 문자 하나라도 꼭 주고받으려 노력한다. 물리적인 시간의 양을 늘릴 수 없으니 질적으로라도 향상시키려는 것이다. 이 노력이 통했는지 딸과 나는 서로에 대한 친밀도가 높다.

이런 밀도 있는 관계는 사람들과의 만남에도 그대로 적용되는 듯하다. 한 사람과 30분쯤 만난다고 하면 언뜻 생각하기에 짧은 시간이다. 하지만 내공이 쌓이면 30분에도 상대에게 충분히 많은 것을 줄 수 있다.

워런 버핏과의 점심식사도 아마 마찬가지일 거다. 2018년에는 무려 23억 원에 낙찰된 이 만남은 함께하는 시간이 전혀 넉넉하지 않다. 그럼에도 불구하고 그 짧은 점심식사에 큰돈을 쓰는 이유는 뭘까? 비록 짧은 시간이지만 분명 질적인 가치를 따져 보면 23억 원이 아깝지 않다고 여기기 때문일 거다. 그의 조언을 듣는 것에 그만큼의 가치를 두는 것이다.

그러니 이런 논리는 누구나 활용 가능하지 않을까! 비록 30분이라도 말이다. 나 역시 30분 정도 만나는 동안 내가 겪은 힘든 상황들 혹은 성공 경험을 상대와 공유하며 가급적 임팩트 있는 대화를 나누려고 애쓰곤 한다. 그런 노력이 통했는지 내 이야기를 듣고 우는 사람도 있었다. 그 순간 상대가 나를 인간적으로 생각하고 또 내가 권하는 상품이 결코 그에게 해가 되지 않을 거라고 믿는다는 걸 느낀다. 그것은 내게도 그들에게도 좋은 일로, 서로 윈-윈 하는 것이다.

함께 많은 시간을 보내는 건 좋은 일이지만 현실적 어려움이 많은 일상에서 최선은 아니다. 핵심은 상대에게 도움이 되었는가의 여부다. 더불어 질적인 시간을 보냈는지 여부다.

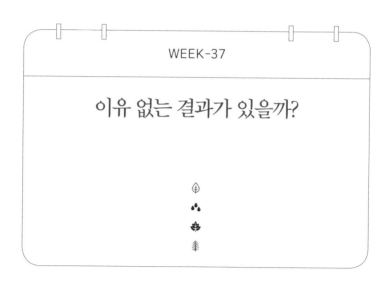

WEEK-37

이유 없는 결과가 있을까?

나는 사람들의 미래가 결정되어 있다고 믿는다. 그렇다고 세상의 모든 일이 외적인 원인에 의해 정해져 있고 선택의 자유나 우연은 없다고 믿는 결정론자는 아니다. 결정론을 믿어 버리면 개인적으로 노력할 여지가 작아지는데 내 신념은 노력에 초점이 맞춰져 있다. 그저 많은 사람을 보고 경험하면서 얻은 결론이다.

현재를 보면 미래가 보인다. 오늘 내가 뭘 하는지 보면 미래가 나타난다. 지금 나의 행동에 의해 미래가 결정된다.

2018년 여름 우리나라는 연일 최고 기록을 깨트리는 엄청난 폭염에 시달렸다. 우리나라뿐만 아니라 지구 전체에 기상이변이 속출했다. 최후의 빙벽이 녹았고, 최고 기온을 경신했고, 태풍은 최대 풍속 기록을 세웠다. 유례없는 폭우가 쏟아지며 사람들은 기상이변을 두려워하기 시작했다. 하지만 이 또한 예정된 일 아닌가! 우리가 행동한 대로 되받은 것일 뿐이지 않은가 말이다. 이산화탄소를 배출하고 플라스틱을 남용하며 지구환경 개선을 위한 노력을 하지 않은 결과일 뿐, 이변이라고 부르기에도 뭔가 어색한 일이다.

알고 보면 이유 없는 결과는 없다. 사실 어느 면으로는 훗날 내가 가난한 사람이 될 것인지, 안락한 부를 누리게 될 것인지도 결정되고 있다. 오늘 열심히 저축하고 투자한다면 부자가 될 것이고 버는 돈보다 쓰는 돈이 많다면 가난하게 살 수밖에 없다. 삶을 행복하게 마감할 것인지 아닌지도 같은 맥락이다. 미래로부터 나온 것이 현재다. 반대로 말하면 미래는 현재에서 시작된다. 정해진 미래를 행복하게 만들기 위해서 우리는 지금 무엇을 하고 있는가? 그렇다면 우리는 지금 무엇을 해야 하는가?

미래를 결정하고 선언해야 한다. 부자가 되고 싶다면 "나는 부자가 되고 싶다"라고 선언해야 한다.

우리가 생각하는 것보다 말의 힘은 강하다. 누군가 어떻게 되겠다는 확신을 하고 분명히 선언하면 선언한 대로 이뤄진다. 미래는 예정되어 있다고 하지 않았는가! 부자가 되는 것도 마찬가지다. 막

연하게 "나는 부자가 될 것이다"가 아니라 "나는 부자다"라고 명확하게 선언하라.

부자란 돈에 국한되지 않는다. 마음이 부유해지고 싶은 사람이 있다면 "나는 누구보다 마음이 부자다"라고 선언하고, 인맥이 부유해지고 싶은 사람이 있다면 "나는 사람 부자다"라고 선언하라. 생각의 폭을 넓히고 싶다면 "나는 누구보다 생각의 부자다"라고 선언하고, 현금이 많은 부자가 되고 싶다면 "나는 현금이 많은 부자다"라고 선언하라.

부의 기준은 사람마다 다르다. 내 기준에서는 현금이 1조가 있어도 마음에 갈증이 있으면 부자가 아니다. 반면 지갑에 1만 원이 있어도 마음이 평온하다면 은행에 1조가 있는 사람보다 부자다.

부자는 다른 사람이 "너는 부자야!"라고 인정해 줄 때 되는 것이 아니라 자신이 원하는 것을 충족했을 때 부자가 된다. 나 스스로 부자라는 생각을 해야 경쟁력을 확보할 수 있다. 내가 1억을 갖고 있든, 10억을 갖고 있든 내가 부자라고 생각하는 그때부터는 쭉 부자로 이어 나가게 되어 있다. 가치와 신념을 지킬 때 진짜 부자가 될 수 있다. 그래서 선언하는 것이 중요하다. 부자의 기준을 스스로 정하고 그것을 달성하면 진짜 부자가 될 수 있다.

언제 얼마큼의 현금을 확보할지를 스스로 결정하고 타인과 비교하지 않는 결정적 순간을 만들어야 한다. 부자의 기준을 정해 놓지 않으면 자신이 가진 것에 항상 불만족스러울 것이다. 10억을 가진 사람은 100억을 가진 사람이, 100억을 가진 사람은 1000억을 가진 사람이 부자로 보이기 때문이다.

미래는 나를 끌고 간다. 그러니 좋은 미래를 선언해야 한다. 당연한 이치다. 성공하고 싶다면 "나는 성공한다!"고 선언해야 한다.

동시에 설계해야 한다. 선언과 설계는 다르다. 선언은 포괄적으로 하는 것이지만 설계는 구체적으로 하는 것이다. 구체적이지 않으면 미래가 나를 끄는 힘이 약하다. 미래로부터 구체적인 계획을 잘 세워 놓아야 현재의 나를 끌고 갈 수 있다.

미래의 나와 현재의 나를 이어 주는 힘이 바로 긍정이다. 이런 이유로 나는 항상 긍정을 강조할 수밖에 없다. 긍정으로 현재와 미래를 잇기 위해서는 자신에 대해 구체적이고 세세하게 적어 나가야 한다. 현재 지점과 미래 지점을 이어 주는 내비게이션이 긍정이고 기록하는 습관이다.

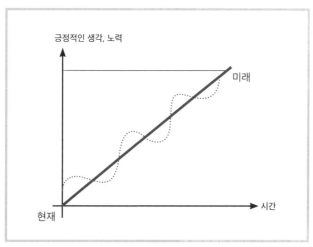

[이미지 4] 현재와 미래를 이어 주는 긍정 그래프

다음 이미지에서 1사 분면의 원점 쪽이 현재다. 저 높은 쪽에 미
래를 선언하고 긍정적인 마인드로 노력하면서 시간을 더하면 미래
가 나를 끌고 간다. 물론 계속 우상향할 수는 없다. 오르락내리락하
면서 들쭉날쭉한 그래프를 보일 것이다. 앞서 말했듯 크레바스에
빠질 수도 있다. 그럼에도 저점을 높여 가야 한다. 떨어질 때는 긍정
플랫폼을 만들어 글로 기록하고 그 기록대로 실천하면서 반등을 노
려야 한다.

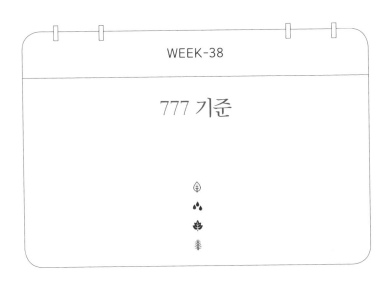

WEEK-38

777 기준

목표를 잃었을 때와 기준을 잃었을 때 어느 쪽이 더 어려운 상황에 놓이게 될까? 내 생각은 기준을 잃었을 때다.

내게는 777 기준이 있다. 대단한 것은 아니다. 아침 7시에 금융 공부를 하고 하루에 최소 7명을 만나다 보면 자연스레 한 달에 7건의 보험 계약을 달성할 수 있다는 나만의 기준이다. 나의 가치관이 옳다고 믿는 가운데 '나는 이것만큼은 꼭 지킨다'는 기준을 설정한 것이다.

아침 8시에 금융 공부를 하고 8명을 만나서 금융 활동을 하고 8건의 보험 계약을 달성하는 888 기준을 세우면 더 좋을 텐데 왜 7일까? 사실 별 뜻은 없다. 그저 7이라는 숫자가 불러오는 행운을 갖고 싶었을 뿐이다.

근래 새로 시작한 기준 중에는 푸시 업을 하루 20개 정도 하는 게 있다. 간단한 목표라 조금의 노력만 기울이면 지킬 수 있는데도 만족도를 높여 준다. 이렇게 목표가 되는 기준을 정해 놓고 실천하다 보니 다른 사람들한테 말할 수 있는 힘도 생긴다. 나 자신도 지키지 않으면서 다른 사람에게 요구하는 건 어렵다. 거기다 스스로에게 매우 부끄러운 일이다. 스스로 부끄러워하는 말에 무슨 힘이 있으며 그 말이 어떻게 다른 사람의 마음을 움직일 수 있을까!

일을 하거나 투자를 할 때도 스스로 정한 기준을 지키지 않으면 곤경에 빠지는 경우가 많다. 생명보험은 가장의 책임이 기준이다. 수익률이 아니다. 그런데 보험을 수익률이나 저축으로 접근하곤 한다. 생로병사 등 예기치 못한 상황에서 일어나는 사고를 대비해야 한다고 말해야 하는데 습관적으로 수익률을 꺼내든다. 그러다 보니 수익률이 예상치만큼 오르지 않으면 상품을 해지하고 마는 것이다. 수익률은 덤이다. 고객도 이렇게 기본을 말해 주는 것을 원한다.

주식도 마찬가지다. 어떤 종목도 3퍼센트의 수익이 나면 판다는 기준을 정해 놓았다면 3퍼센트 수익이 났을 때 팔아야 한다. 스스로 기준을 정해 놓고도 지키지 않으면 그것은 기준이 아닐 뿐더러 언젠가는 욕심 때문에 손실을 보게 된다. 3퍼센트만 남기고 팔아도 충분히 행복할 수 있는데 욕심을 냈기 때문에 기준이 무너지고 힘들어 하는 사람이 많다. 그들은 경제적인 손실과 함께 스스로 기준을 지키지 못한 데서 오는 자괴감에 돈 잃고 마음까지 잃게 된다.

나도 주식 투자를 하지만 주로 좋은 종목을 사서 가치 투자를 하기 때문에 한 번 사면 30퍼센트 정도 수익이 날 때까지는 팔지 않는다. 좋은 가치 종목을 골라서 내가 생각한 기준에 도달할 때까지 팔지 않고 기다리면 손해 볼 이유가 없다. 좋은 종목의 주가는 오르락내리락하면서 기업의 상장에 따라 우상향 곡선을 그리기 때문이다. 그런데 대부분은 이런 주식을 사지 않고, 그렇게 하지도 않는다.

우리 회사에서는 직원들이 고객을 만나러 나가기 전에 롤 플레이를 한다. "자, 자네가 고객이야" 하면서 역할 분담을 시킨 다음 역할 연습을 한다. 이 롤 플레이를 여러 번 반복하면 신입 직원도 처음 보는 고객들 앞에서 입을 뗄 때 두려움이 덜하다. 연습한 대로 안 되더라도 중심을 빨리 잡는다. 기준점이 있기 때문이다.

JANUARY

FEBRUARY

MARCH

APRIL

MAY

JUNE

JULY

AUGUST

SEPTEMBER

OCTOBER

NOVEMBER

DECEMBER

OCTOBER

10월

나로부터 시작하는
긍정적인 변화

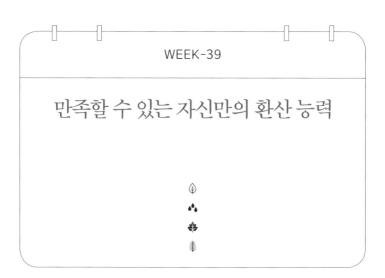

WEEK-39

만족할 수 있는 자신만의 환산 능력

불과 60년 전만 해도 세계 최빈국으로 경제 원조를 받아야 했던 우리나라는 고도의 압축 성장을 하며 모두가 한 방향을 향해 달리는 경쟁 구도에 필연적으로 노출되었다. 그렇게 한 방향을 향해 달리다 보니 1등부터 꼴등까지 순위가 매겨질 수밖에 없었다.

이런 배경 때문에 우리나라 사람들은 남보다 빨리, 앞서 나가야만 성공할 수 있었다. 자신을 들여다볼 틈도 없이 자기보다 앞서 달려가는 사람들만 보고 달렸다. 전세를 살면 아파트를 소유한 사람이 보였고, 30평짜리 아파트를 사면 40평, 50평형대에 사는 사람이 보였다. 50평 아파트를 사면 한강이 내려다보이는 수억짜리 아파트에 살고 있는 사람이 보였다. 전문대를 다니는 사람은 4년제 대학을 다니는 사람이 부러워지고, 지방대학에 다니는 사람은 서울권 대학에 다니는 사람이 부러워지고 중상위권 대학에 다니는 사람은 명문대에 다니는 사람이 부러워지는 식이다. 이런 방식으로 100명의 순위를 매기면 1등을 제외한 99명은 불행해질 수밖에 없다. 98명이 부러워하는 2등조차 1등을 부러워하며 1등을 따라잡기 위해 1등과 경쟁하는 것이다.

우리나라는 사회 전체의 행복 지수가 매우 낮다. OECD 국가들 중 최고의 자살률이라는 오명도 떠안고 있다. 이 사회를 어떻게 바꿔야 할까? 먼저 경쟁의 기준을 바꿔야 하지 않을까? 그리고 사고방식도 바꿔야 하지 않을까?

앞서도 말했듯이 한 방향으로 동시에 달리는 것이 아니라 360도로 뛰면 모든 사람이 1등이다. 너무 꿈같은 이야기인가?

물론 세일즈 조직에도 경쟁은 있다. 많은 실적을 올린 사람에게 인센티브가 주어진다. 조직 차원에서 만든 기준이라 바꿀 수도 없다. 하지만 그렇다고 그 기준에 자신을 맞출 필요는 없다. 실적이 낮다고 다른 사람보다 못한 게 아니기 때문이다. 나는 실적이 낮아 우울해 하는 친구들에게 때때로 이렇게 말하곤 한다.

"회사 차원에서 순위는 있을 수 있지. 하지만 내가 오늘 3만 원짜리 계약을 하나밖에 하지 못했더라도 오늘 정말 보람된 상담을 했다면 성공한 거야. 만족할 수 있는 자신만의 환산 능력이 있어야 해."

행복의 크기는 환산 능력에 달려 있다. 그 환산 능력을 얼마큼 부풀릴 줄 아느냐에 따라 인생이 달라진다. 옆자리 동료가 일주일에 30명의 고객을 만나서 10건의 보험 계약을 하는 동안 나는 40명의 고객을 만나서 6건만 계약을 성사시켰다고 했을 때 내 실적이 상대적으로 낮은 것은 분명하다. 그럼에도 '내가 더 많은 잠재 고객을 만났잖아. 지금은 아니지만 언젠가는 내 고객이 될 거야. 지금 당장은 실적으로 연결되지 않았지만 그분들과의 만남에서 인생의 지혜를 얻었어. 그분들을 만난 것이 감사하고 행복해'라고 생각하며 만족할 수도 있다.

환산 능력은 개인적인 만족도를 높이는 데만 유용한 게 아니다. 360도 어느 방향으로 달릴 것인지 방향성을 정하는 데도 영향을 미친다. 그 방향을 잘 설정하면 인생 자체가 360도 달라질 수 있다.

언제부터인가 사람들은 지나치게 많이 먹는 건 자기관리가 안 되는 일이라고 여겼다. 하지만 많이 먹는 모습을 방송으로 내보내 스타가 되고 어마어마한 수입을 올리는 사람들이 생겨나지 않았는가!

　남들이 '아니다'라고 하는 일에 지치지 말기를 바란다. 오히려 지레 판단하는 건 우리 자신일지 모른다. 360도 중 어느 방향을 향해 달려갈 것인지는 자기 자신이 결정해야 한다. 그러니 자신만의 환산 능력을 키우자. 자신의 행동과 능력에 대한 가치를 오직 자신의 기준으로 매기자. 그럴 때 행복은 우리 것이 된다.

약점 많은 사람

누구에게나 약점은 있다. 나는 영어가 약점이다. 문제는 외국계 회사에서 일을 한다는 데 있다. 영어로 미팅해야 하는 경우도 부지기수다. 원어민의 말을 알아듣는 것에 그치지 않고 대화까지 해야한다. 그러려면 매일 10분이라도 영어 공부를 해야 한다.

외모도 약점이다. 40대 후반으로 접어들면서 귀밑머리가 희끗희끗해져 가는 또래 친구들을 보며 격세지감을 느끼고 있다. 물론 연륜이 쌓이면서 외모가 달라지는 것은 자연스러운 현상이지만 사람들을 많이 만나고 젊은 사람들과 일하기 때문에 외모 역시 항상성이 유지되기를 바란다. 항상성을 유지하는 게 어쩌면 젊음을 유지하는 것일 수도 있다는 생각에 가끔 옷차림과 헤어스타일에도 변화를 준다. 여름에는 반바지에 티셔츠를 입기도 하고 때로는 힙합 스타일의 옷도 기꺼이 입는다. 어제보다 나은 내일을 지향하는 나지만 외모와 생각만큼은 어제의 나 자신과 경쟁한다. 운동을 좋아하지는 않지만 샤워할 때 욕실에서 앉았다 일어나기를 30번 한다. 운동을 좋아하지 않음에도 해야 한다는 생각에 씻을 때 틈내서 하는 것이다.

이처럼 약점이 참 많은 사람이지만 약점을 극복하기 위해 항상 노력을 해 왔다. 기부도 마찬가지다. 예전에는 기부하는 사람들이 행복하다고 말하는 것에 공감하지 못했다. '힘들게 번 돈을 남들한 테 그냥 주다니! 아무런 노력도 하지 않는 사람들에게 도움을 준다면 그들은 노력하지 않아도 얻을 수 있기 때문에 더 노력하지 않을 거야. 기부야말로 주는 사람에게나 받는 사람에게나 도움이 되지 않는 행위가 아닐까?'라고 생각했다. '가족과 맛있는 음식을 먹고 여행 가는 데 쓸 돈을 알지도 못하는 사람에게 그냥 주면서 행복할까?'라는 생각도 했다. 그런 내게 놀라운 일이 생겼다. 적은 돈이지만 유니세프에 후원하며 어려운 사람들을 돕고 있기 때문이다. 내게는 작은 금액이 누군가에게는 엄청난 힘이 된다는 사실에 전에는 몰랐던 만족감과 행복을 느끼고 있다.

최근에는 기부 형태를 바꿀 생각을 하고 있다. 보험 기부다. 나는 매년 1조 원을 기부하고 싶지만 평생 노력해도 그만큼은 할 수 없다. 나에게 1조 원이라는 재산은 없고 앞으로도 없을 것이기 때문이다. 하지만 내가 잘할 수 있고 업으로 삼고 있는 보험을 활용하면 1조 원을 기부할 수 있다. 사고를 당하거나 아파서 돈이 필요한 사람에게 내 개인 자산이 아니라 보험금의 형태로 1조 원을 제공하는 것이다.

보험금으로 기부해야겠다는 결심을 하고 1조 원을 기부하려면 몇 명의 에이전트를 확보해야 하는지 계산해 봤다. 에이전트 1,000명이 월 1억씩 사망 보험을 판매하면 1년에 1조 원이 된다는 계산이 나왔다. 1,000명이 사망 보험금이 1억인 보험을 팔면 열두 달에 1조 2000억이다. 80퍼센트의 유지율로 계산하면 2000억 원이 없어지고 1조 원이 남는다. 인간은 영생하는 존재가 아니므로 사망 보험금은 보험 해지만 하지 않는다면 언젠가는 반드시 지급된다. 따라서 매년 1조 원씩 사망 보험 수급자에게 기부할 수 있게 된다!

이렇게 나이를 먹어 가면서 나도 조금씩 성장을 거듭하고 있다. 내가 이런 것을 해냈다, 이런 것을 이겼다, 이런 사람을 용서했다 같은 주관적인 평가를 스스로 내렸을 때 예전보다 버퍼(Buffer)가 좀 생긴 듯하다.

그릇이 커졌다고 할 수 있을까? 전에는 '절대 용서하지 못해!' 했던 것을 지금은 '이런 것쯤이야' 하고 넘어간다. 주변을 좀 더 너그럽게 바라보기 시작하면서 조금 더 행복해진 것이다.

나는 이병철 회장의 사업보국이라는 말을 좋아한다. 사업으로 나라에 기여하겠다는 그 신념, 얼마나 멋진가! 운동선수는 국제대회에서 뛰어난 기량을 발휘하고 예술가는 예술로, 정치가는 훌륭한 정치로 국격을 높이는 것이 바람직하다.

마찬가지로 사업을 하는 사람은 정직하게 사회에 보탬이 되어야 한다. 죽을 때는 가져갈 수 없으니 필요한 사람에게 최대한 많은 돈이 흘러가게 한다는 마음으로 사는 것이 부자가 되는 지름길인지도 모른다. 나는 10년이면 10조 원을 기부할 수 있다. 참으로 뿌듯하고 어마어마한 기부금이 아닌가!

WEEK-41

유일한 진실

기업의 생산성을 높이는 방법에 대한 정보가 얼마나 될까? 아마 도서관을 가득 채우고도 남을 만큼 풍부하다 못해 넘칠 것이다. 그만큼 이 세상을 살아가는 데 있어 생산성이 중요하다. 기업에만 해당되는 이야기일까? 아니다. 개인도 생산성을 높여야만 이 세상에서 살아남을 수 있다. 아무 노력도 하지 않으면 자신을 끊임없이 갈고닦는 사람에 비해 경쟁력이 떨어지고 도태될 수밖에 없다.

생산성을 높인다고 말하면 지레 겁부터 먹는 사람들이 있다. 그런데 말만 그럴듯할 뿐 별거 아니다. 기업을 떠올리면 쉽다. 기업도 성장하고자 의식적으로 노력하고, 직원들 또는 주변 사람들로부터 피드백을 받고 그렇게 지속적으로 혁신을 꾀하지 않는가? 개인도 같은 절차를 밟아야 한다는 것이다.

이를 세분화해서 생각해 보자. 의식적으로 노력할 때 기본이 되는 건 책과 공부다. '나는 할 수 있다, 나는 성공한다'고 마인드컨트롤을 하며 외국어 등 지적 능력과 스킬을 습득하는 것이다. 이때 필요한 건 목표 의식이다. 책상 앞에 앉아만 있는다고 성적이 오르지는 않는다. 그것은 시간을 때우는 일에 지나지 않는다.

결국 해야 하는 건 공부인데 어떤 공부인가가 중요하다. '나는 지금 제대로 된 방향으로 가고 있는 것일까?', '이 방향이 내가 가고자 한 방향과 일치하는 걸까?'를 체크해야 한다. 그리고 내가 신뢰하고 존경할 수 있는 선배와 멘토들에게도 물을 수 있어야 한다.

사실 이렇게 단호하게 말하지만 아직도 영어 때문에 고생하고 있으니 민망하기 그지없다. 외국계 회사인 데다 대표이사가 호주 사람인 곳의 간부인 내가 말이다. 결과적으로 원하는 위치에까지 오르긴 했지만 '진작 영어 공부를 했으면 좋았을걸'이라는 후회가 이따금 든다. 이런 나처럼 누군가도 적절한 시기를 미룬 탓에 크든 작든 후회를 하게 되는지 모른다.

그러니 우리 결심하자. 생산성을 높이자고 말이다. 원하고 되고 싶은 것을 생각하고 그 목표를 달성하기 위해 로드맵을 짜 보자. 그러면 남들보다 더 빨리 인생의 목표에 달성하고 행복을 오래 누릴 수 있을 것이다.

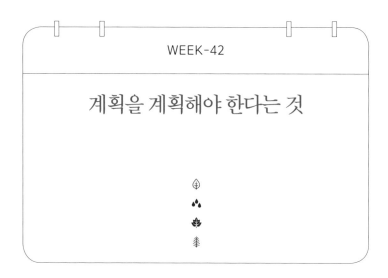

WEEK-42

계획을 계획해야 한다는 것

기준은 명확하게 정해 두지 않으면 흔들리게 마련이다. 눈앞의 결과만 보게 되고 거시적인 안목으로 전체를 볼 수 없게 된다.

철원에서 군 복무하던 시절의 일이다. 소대장이었던 나는 내가 맡은 섹터를 어떻게 관리할지를 두고 장교들과 연구하고 작전을 세웠다.

"내가 맡은 섹터가 이만큼이야. 여기서 적이 쳐들어오면 이렇게 방어를 해. 그리고 이렇게 공격을 해. 네 구역은 이만큼이야."

나는 군인으로서 사명감에 불탔고 부하들을 어떻게 배치해야 전력을 키우고 손실을 방지할지를 연구했다.

그러던 어느 날 한 달간 아보스 교육이라는 공군 합동 훈련을 하게 되었다. 나는 그 교육을 받으면서 놀랄 수밖에 없었다. 나는 우리가 맡은 섹터의 지도를 펴 놓고 작전을 짜고 있었지만 공군은 우리나라 지도 전체를 펴 놓고 작전을 짜고 있었기 때문이다. 작전의 차원이 달랐던 것이다. 공군에서 쏘는 미사일 한 방이면 내가 맡은 섹터는 전멸하고 만다는 사실도 알게 되었다. 마치 개미의 평면 세상과 벌들의 입체 세상이 대비되는 것처럼 완전히 다른 세계였다. 나는 당시 육군끼리 싸우는 것만 상상했지, 입체적인 전면전은 염두에 두지도 않았다. 그 교육 이후 나의 계획도 달라졌다. 공중에서 미사일이 떨어지는 경우도 대비하게 된 것이다.

하지만 그것보다 더 큰 세상이 있다는 걸 머지않아 깨닫게 됐다. 한미연합사로 파견을 가게 돼 워 게임을 견학하게 됐는데 이곳 작전에 의하면 전쟁 시 3개월을 버틸 수 있는 계획을 짜 놨지만 연합군이 공격하면 불과 5분 안에 죽게 돼 있었다. 병사들의 전투력을 조금 더 키우고 총 쏘는 훈련을 더 하는 것이 문제가 아니었다. 3개월 동안 전투를 하려면 일단 살아남아야 했는데 우리가 판 참호 높이면 모두 죽을 수밖에 없었다. 이 일을 계기로 내 계획들과 해결책은 당연히 달라졌다.

여자들이 제일 싫어한다는 군 생활 이야기를 예로 들어서 조금

민망하긴 하지만 내가 이 일로 강조하고 싶은 건 거시적인 시야다. 내가 그랬던 것처럼 미시적인 눈으로 세상을 판단하면 경우에 따라 결과는 치명적일 수 있기 때문이다. 전체 뷰를 보고 어떻게 해야 할지 판단이 필요한 이유다.

직원들에게도 회사가 어떻게 돌아가는지, 수익과 앞으로의 방향성은 어떠한지, 업계 분위기가 이러하고 경제는 어떻게 될 것인지 정보를 알려 주며 핵심을 짚어 줘야 한다. 만약 자신이 맡은 섹터와 역할만 보고 "저는 지금 이게 중요합니다" 하고 고집부리는 직원이 있다면 왜 시장을 거시적으로 봐야 하는지를 이해시켜야 한다. 그래야 내가 클 수 있고 조직을 키울 수 있다. 아는 만큼 보인다는 말이 괜히 생긴 게 아니다.

WEEK-43

지식의 한계

지식에 대한 접근이 나날이 편리해지고 있다. 터치 몇 번으로 시간이나 장소에 구애받지 않고 손 안에서 정보나 강의를 볼 수 있다. 책도 무겁게 들고 다닐 필요 없이 휴대폰으로 다운받아 틈틈이 읽을 수 있다. 관심만 있으면 얼마든지 많은 정보와 지식을 내 것으로 만들 수 있는 시대다.

사람들은 변화의 흐름에 맞게 많은 정보를 그들만의 키워드로 정리한다. 그렇게 정리한 글과 사진은 SNS에 올린다. 자신이 아는 내용을 많은 사람과 공유하고자 하는 것이다. 단순하게 보면 트렌드를 반영한 올바른 현상 같지만 이상하게도 그 행위들에 의문이 남는다. 그들은 알고 올리는 것일까? 공유하기 위해 혹은 과시하기 위해 겉핥기에 그친 것은 아닐까?

　지식을 나열하는 것은 중요하지 않다. 그 안에 자신만의 무언가가 녹아 있어야 한다. 지식을 내 것으로 재해석했는지를 스스로 평가해 봐야 한다. 문법은 정말 많이 알고 있는데 외국인 앞에서는 입도 못 떼는 사람이 많다. 그런 사람들이 관계대명사, to 부정사, 동명사는 빠삭하게 꿰고 있다. 지식을 많이 쌓으면 많이 안다는 오류는 이렇게 탄생한다.

　무언가를 제대로 알고 싶다면 실행에서 답을 찾을 수 있다. 지식의 부피를 키우는 것도 중요하지만 하나하나 의미를 생각하고 실행하면서 비로소 자신의 것으로 체화되기 때문이다. 아는 것을 열거하기보다 한 가지의 실행이 더 중요한 이유다. 실행하지 않는 지식은 죽은 것이나 마찬가지다. 지식은 실행을 통해 증명할 수 있어야 한다.

　보험설계사가 고객에게 보험이 필요하다고 권하는 상황에서 자신은 정작 보험에 가입하지 않았다면 떳떳할 수 있을까? 자신의 일에 투명할 때 그 사람의 말은 힘을 지니게 된다. 타인을 설득할 수 있고 공감을 불러일으킬 수 있다. 당신이 아무리 치밀하게 짠 사업계획서를 들고 와도 사업계획서를 검토하는 입장에서는 당연히 성공 사례로는 어떤 게 있는지, 그동안의 결과물은 무엇인지, 성취 경험은 무엇인지를 중점적으로 볼 것이다. 사업계획서만 보고 사업을 승인하는 것이 아니라 사업계획서대로 할 수 있는지 그 능력을 판단하는 것이다.

열거하는 데 그쳐서는 설득이 되지 않는다.

JANUARY

FEBRUARY

MARCH

APRIL

MAY

JUNE

JULY

AUGUST

SEPTEMBER

OCTOBER

NOVEMBER

DECEMBER

NOVEMBER

11월

인생을 바꾸는
마인드 멘토링

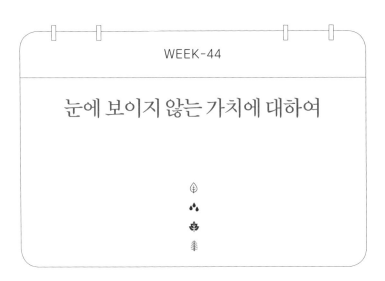

WEEK-44

눈에 보이지 않는 가치에 대하여

오픈 마인드는 머리와 귀와 마음을 연다는 의미다. 머리를 연다는 건 편견, 오만, 편협한 마음, 아집, 자신만 옳다는 고집 같은 것을 깨트리는 것이다. 내가 가진 고정관념을 깨는 것이다. 그것이 오픈 마인드의 기본이다. 귀를 연다는 건 끊임없이 다른 사람의 의견을 듣는 것이다. 머리를 열고 귀를 열었을 때 마음이 열리고 생각도 열린다.

딸아이가 어렸을 때의 일이다. 딸아이는 하루에도 수십 번씩 "이게 뭐야?" 하고 물었다. 이런 딸에게 아내는 단 한 번도 귀찮은 내색을 보이지 않았다. 오히려 차분하게 "이건 뭐라고 해"라고 자세히 설명해 줬다. 한두 번도 아니고 무려 수년을 말이다. 나는 아내가 대단하다고 생각하면서 한편으로 나라면 절대 하지 못했을 거라는 생각이 들었다. 한 번은 아내에게 아이와 이렇게 지내는 게 행복하느냐고 물었다. 아내는 "행복해"라고 답했다.

당시만 해도 아내의 마음을 이해하지 못했다. 그런데 지금은 어렴풋이 느끼고 있다. 남다른 사랑이라는 감정을 말이다. '할아버지가 되어 손자 손녀와 이야기를 나누면 얼마나 행복할까' 하고 생각할 때가 있다. 애정이 담긴 말을 주고받는 데 그치는 것이 아니라 아이의 눈높이에 맞춰 생각도 새롭게 할 수 있고, 아이가 궁금해 하는 것을 알기 쉽게 설명하면서 소통도 할 수 있는 탓이다.

우리의 관계는 때론 공기와 같다. 공기는 눈에 보이지 않는다. 그러나 공기가 보이지 않는다고 공기의 존재를 부인하는 사람은 없을 것이다. 또한 우리가 사는 데 있어 가장 소중한 물질이라는 것을 모두가 알고 있다. 그럼에도 우리는 때로 공기의 존재를 잊고 산다. 없으면 한순간도 목숨을 부지하지 못하면서 말이다.

우리의 관계, 사랑이라는 감정도 마찬가지다. 우리 눈에 보이진 않지만 부모님의 사랑이 없었다면 우리는 세상에 태어나지 못했다. 아이도 우리가 사랑하지 않았다면 이 세상에 없었다. 아이를 사랑하지 않았다면 부모로서 그 많은 것을 포기하며 헌신할 일은 없었을 것이다.

　친구, 직장 동료 심지어 고객이라고 다를까? 형태는 다르지만 모두 사랑이라는 테두리 안에 있는 것만은 분명하다. 그런 그들을 사랑의 감정으로 대하지 않는다면 우리 삶은 어떨까? 분명 매일매일이 고통의 연속일 것이다.

　회사와 직원의 관계도 다르지 않다. 평온하던 회사에 사정이 어려워졌다고 하자. 이럴 때 당신이라면 어떻게 대처할 것인가? 누군가는 '나는 회사의 성장을 위해 무엇을 할 수 있을까?'를 생각하고 회사의 재건을 위해 힘을 쏟을 것이다. 또 누군가는 회사를 떠나기로 마음먹을 것이다. 전자는 사랑의 감정으로 회사를 대했고 후자는 사랑을 저버리고 회사에 등을 돌렸다. 상대가 어려울 때 떠나는 것은 사랑하지 않는다는 증거다. 사랑하기 때문에 떠난다는 말을 나는 믿지 않는다.

　존 철튼 콜린스는 이렇게 말했다.

　"풍요 속에서는 친구들이 나를 알게 되고, 역경 속에서는 내가 친구들을 알게 된다(In prosperity our friends know us; in adversity we know our friends)."

　어려울 때 보이지 않는 것을 본다는 건 정말 힘들다. 하지만 그

걸 헤아릴 수 있는 눈을 갖기 위해 노력하고 또 볼 수 있어야 한다.

저기 언덕 너머를 헤아릴 수 있어야 한다.

WEEK-45

씨앗 없이 열매를 바랍니까?

자신의 가치는 스스로 정한다. 나 자신의 가치뿐 아니라 상대의 가치 역시 내가 환산한다. '나의 가족은 억만금을 줘도 바꾸지 않을 거야'처럼 말이다.

나는 직접 영업하고 에이전트 신분으로 매니저 생활을 할 때 영업이익과 조직 관리로 몇 십억을 벌었다. 하지만 임원이 되면서 급여는 줄었고 세금은 오히려 많아졌다. 그뿐인가! 조직도 커지고 역할도 많아지고 그에 따른 책임감은 더 무겁게 나를 짓눌렀다.

그럼에도 나의 만족도는 예전 못지않다. 나 스스로 가치를 환산했을 때 '내가 이 자리에 없었다면 이게 가능했을까' 하는 것이 많다.

특히 '내가 이 자리에 없었다면 이렇게 똑똑하고 훌륭한 직원들과 함께 일할 수 있었을까' 하고 매번 생각한다. 만약 내 돈 주고 고용하려 했다면 얼마나 많은 비용이 들었을까? 사실 돈으로 따질 수 없는 가치다. 이런 것을 생각하면 결코 급여가 적지 않다.

이 모든 것은 편하게 말하면 감사지만 나는 환산이라 말하고 싶다. 이처럼 가치는 오로지 자기만이 느낄 수 있다.

돈으로 따질 수 없는, 오직 자기만이 느낄 수 있는 가치로 하나를 꼽을 수 있겠다. 바로 공부다. 눈에 보이지 않기 때문에 중요하지 않다고 여기는지도 모른다. 그래서 우리는 부자를 꿈꾸면서도 공부를 하지 않는다. 마음으로만 부자를 원한다. 마치 주식 투자로 돈을 벌고 싶어 하면서 주식에 대한 공부는 하지 않고, 부동산 투자로 돈을 벌고 싶어 하면서 부동산에 대해 공부하지 않는 것과 같다. 실질적으로 공부를 해야 돈을 벌 수 있는데도 말이다.

씨앗을 뿌리지 않으면서 곡식을 거두기 바라는 것이 어리석다는 사실을 우리는 잘 알고 있다. 그런데 왜 공부 없이 결과를 얻으려고 할까? 심지어 공부하고 책을 읽는 데 돈이 많이 드는 것도 아니다. 서점에 가면 돈도 쓰지 않고 출간되는 책의 트렌드를 살피면서 책을 훑어볼 수 있다. 서점에 가기 귀찮다면 스마트폰만 켜도 된다.

요즘에는 유튜브 등 지식을 알려 주는 채널이 얼마나 다양한가! 잔소리처럼 들릴지 모르지만 공부를 해야 자기 계발이 된다는 것만큼은 분명하다.

WEEK-46

작지만 확실한 행복들

최근 생긴 신조어 중에 마음에 드는 단어가 있다. 소확행, 작지만 확실한 행복이라는 뜻이다. 우리 삶을 행복하게 만드는 데 반드시 필요한 단어다. 원래 행복이란 거창한 게 아니다. 아침에 커피 한 잔, 내 곁에 놓인 좋은 책, 문제를 해결해 주는 좋은 경구 같은 우리에게 소소한 행복을 주는 것들이다. 이런 것들은 언제나 우리 주변을 둘러싸고 있다.

최근 작지만 확실한 나의 행복은 영어 공부다. 영어 공부는 꽤 큰 숙제로 오랜 기간 내 마음속에 자리하고 있었다. 하지만 최근 들어 숙제가 즐거움으로 변했다. 모르는 것을 알아가는 과정이 즐거

위진 것이다. '영어 문법에서 왜 후치 수식을 하지?' 하는 의문이 생겼다가도 유튜브 강의를 통해 의문이 풀리면 작은 재미와 기쁨을 느끼는 것이다. 문법 측면에서 헷갈리는 것들, 어디서부터 시작해야 할지 엄두가 안 나는 표현들을 유튜브에서 공부했다. 유튜브 속 선생님들은 이런 나의 고민에 현실적인 조언을 건넨다. 그렇게 하나하나 알아가며 기쁨을 누리고 있다.

어릴 적 아빠가 통닭을 사 왔을 때 같은, 예기치 않은 기쁨은 우리 주변에 도사리고 있다. 언젠가 딸에게 갑자기 선물을 주니 딸아이가 의아한 표정으로 나에게 이렇게 물었다.

"오늘 무슨 날이야? 왜 갑자기 선물을 주는데?"

나는 "널 사랑하니까" 하고 대답했더랬다. 딸은 황당해 하면서도 입가에 웃음을 머금었다. 예기치 않은 선물이지만 싫지 않은 것이다.

이 경우는 내가 선물을 건네는 입장이지만 받는 경우도 적지 않다. 아마 우리 모두 경험한 적 있을 것이다. 이때 당신은 작지만 확실한 행복을 느꼈는가?

나 역시 이 작지만 확실한 행복을 느낀 지 오래되지 않았다. 불과 몇 년 전까지만 해도 수입차를 타다가 국산 차로 갈아타고 나서 초라한 기분을 느꼈다. 참 교만하기 짝이 없었다. 다행히 타다 보니 재미있는 기능들을 발견했고 그렇게 최근에는 경차로 바꿨다. 주차가 편해 보였던 것이다. 실제로 장 보러 갈 때 타니 무척 편하다.

회사에서 챔피언도 해 보고 돈도 많이 번 나지만 지금은 이런 작은 데서 오는 행복이 더 소중하다. 너무 먼 데서 찾는 대단한 행복과 달리 누구든지 가까이에서 찾을 수 있는 이 작은 행복이 말이다.

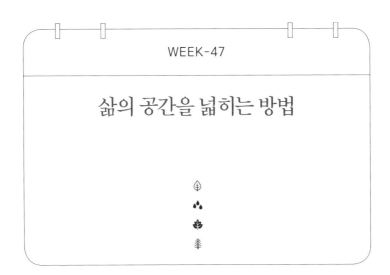

WEEK-47

삶의 공간을 넓히는 방법

축제 하면 흔히 불꽃놀이나 파티를 떠올린다. 그러나 불꽃놀이를 해야만 축제는 아니다. 스스로 행복하다면 그날이 바로 축제의 날이다.

물론 안다. 그날그날이 축제일 수는 없다. 하지만 그렇게 생각하지 않으면 살기 힘들다. 인생이 그렇다.

아이가 태어나는 과정을 생각해 보라. 아이는 엄마의 좁은 산도를 몇 시간에 걸쳐 헤쳐 나와야 한다. 그 작은 아이도 세상에 나오려면 그런 고생을 거쳐야만 한다. 그렇게 힘들게 태어나면 온갖 힘을 짜내 젖을 빤다. 곁에서 들은 바로는 아이가 젖을 빨 때 온 힘을 다하는 게 느껴진다고 한다. 젖 먹던 힘이란 말도 이런 상황에서 나왔나 보다.

힘들게 태어나 힘들게 살아가는 게 인생이다. 하지만 정말 인생을 가혹하게만 살아야 하는 게 인간의 숙명일까? 내 인생에 오롯이 만족하며 살 수는 없는 걸까?

그래서 요즘 소확행이라는 말이 나오나 보다. 저마다의 작고 소소하지만 확실한 행복 말이다. 사람들은 자신의 행복 지수를 높이기 위해 기대치를 낮춘다. 기대치를 낮추면 만족도가 높아지고 결국 행복이 찾아온다고 믿는 것이다.

그러나 기대치를 낮춘다고 무조건 행복해지지는 않는다. 일이 잘 풀리지 않고 관계를 제대로 맺지 못해도 '그래, 인생이 다 그런 거지'라며 해탈한다고 행복해질까? 아니다. 만약 그렇게 느낀다면 이 사람들은 행복을 착각하는 것이다. 기대치를 명확히 구분할 때 만족과 행복은 찾아온다. 목표에 대한 기대치는 높게 잡되 나머지에 대한 기대치는 낮추는 게 관건인 것이다. 만약 여기서 나머지에 대한 기대치까지 적정선을 넘겨 버리면 어떻게 될까? 아무리 많은 걸 얻어도 만족할 수 없는 상황이 되어 버릴 것이다.

나는 만족을 공간에서 찾는다. 나는 내 공간을 무척 소중하게 여기는 탓에 내가 머무는 공간이라면 어디든 근사했으면 하는 바람을 가지고 있다. 그래서 내 사무실도 근사하게 꾸미고자 노력했다. 사실 집보다 사무실에 있는 시간이 긴데 사무실이 내 마음에 들지 않으면 어떻게 편안한 마음으로 기분 좋게 일하겠는가? 근사하게, 라고 말했지만 정확하게는 현실에 맞게 삶의 질을 높이는 방안이었다. 지나치지 않는 선에서 나의 만족도를 높이는 방법이 사무실 개선이었다.

커피 한 잔을 마시러 카페를 갈 때도 분위기 좋은 곳을 찾아서 간다. 엄청나게 특별한 곳처럼 들리겠지만 전혀 아니다. 많은 사람이 드나드는 커피숍 중 하나다. 나는 커피숍에서 맛있는 커피와 음악을 듣는 것이 좋다. 카페에서 흘러나오는 노래를 듣다가 마음에 드는 곡을 발견했을 때의 사소한 즐거움이란! 온종일 산을 헤매다 100년 된 산삼을 찾은 느낌이랄까? "그야말로 심봤다!"라고 외치고 싶은 기분이 든다.

이것은 오로지 나만 느끼는 만족감이다. 나와 취향이 다른 사람들은 "왜 꼭 거기서 커피를 마시려는 건데?"라며 반문할지 모른다. 하지만 나는 그 장소에 있음으로 얻는 것이 무척 많다. 그저 기분이 좋다. 분위기가 마음에 들면 생각도 활기차게 돌아가는 것만 같다.

내가 커피숍이라는 공간에서 만족감을 느끼듯 열심히 일한 우리에게 선물이 될 우리 삶의 공간을 찾아야 한다. 과하지 않다면 사치를 부려도 좋다.

누군가는 경제적 보상이 주어질 때 더 열심히 일할 수 있을지도 모른다. 생일에 자신에게 생일선물을 하는 것처럼 말이다. 사소하게는 커피 한 잔도 내게 주는 선물이 될 수 있다. 분명한 건 내가 머무르는 공간을 확장할수록 마음의 여유도 커진다는 사실이다.

DECEMBER

12월

인생의 지도를 완성할 시간

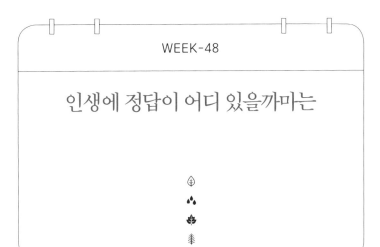

인생에 정답이 어디 있을까마는

인생에 정답이 있을까? 종교를 가진 사람이라면 정답이 있다고 대답할 것이다. 종교마다 조금씩 다르지만 정답이라고 여겨지는 교리는 있다. 종교가 없다면 법을 지키고 사회규범을 따르는 것이 정답이라고 할 수도 있겠지만 사회규범은 인간이 만든 것이라는 한계가 있다. 지금은 첩을 두는 행위가 사회규범과 법질서를 어기는 것이지만 200년 전에는 법률이나 사회규범상 전혀 문제가 되지 않았다. 굳이 몇 백 년 전으로 거슬러 올라가지 않아도 아프리카 어딘가에는 일부다처제가 있고 살인을 해도 처벌받지 않는다. 지역과 국가에 따라 사회규범과 제도가 이렇게 다르다.

이렇듯 옳다 혹은 그르다의 기준은 상황에 따라 다르다. 그럼에도 인간은 사회적 동물이니 가급적 사회규범 안에서 행동해야 한다. 다만 "인생을 이렇게 살아야 해", "이게 인생의 정답이야"라는 식의 보편적인 말들을 정답이라고 믿어 버리는 건 바보나 할 일이다. 학생이라면 당연히 공부를 잘해야 할까? 대학은 꼭 서울로 가야 하고, 취업은 할 수 있다면 꼭 대기업에 해야 하고, 영어는 필수로 할 줄 알아야 하는 게 정답은 아닐 것이다. 오히려 남에게 피해를 주지 않는 선에서 자신이 하고 싶은 대로 하는 것이 인생의 정답 아닐까?

많은 사람이 행복하게 사는 것이 삶의 목표라고 한다. 그런데 행복하게 살기 위해서는 나만의 인생관과 삶의 원칙이 있어야 한다. 보편적인 정답이 아닌 자신만의 명답을 찾기 위해 삶의 원칙을 정해야 할 사람은 바로 자기 자신이다. 다음과 같이 자기만의 인생관을 정할 수도 있겠다.

'하루에 한 번씩 착한 일을 할 거야. 1일 1선이 내 원칙이야.'
'하루에 고맙다는 말을 세 번 하는 것이 내 원칙이야.'
'사랑하는 사람에게 하루에 하나씩 보이지 않게 봉사하는 게 내 원칙이야.'

그게 무엇이든 자신이 옳다고 믿는 신념을 지키며 사는 것이야말로 멋진 인생이다. 누군가 "나는 100퍼센트 오렌지 주스를 만들어서 팔 거야"라고 했다면 어떤 조언을 하겠는가? 어떤 사람은 아마도 이렇게 충고할지도 모른다.

"이익이 안 남으니까 그러면 안 돼. 장사를 해서 돈을 벌려면 오렌지 100퍼센트가 아니라 물을 70퍼센트 넣고 오렌지는 30퍼센트만 넣어야지. 오렌지 색깔만 내고 오렌지 향을 입혀서 팔아야 이윤이 남지."

하지만 대량생산을 해서 박리다매(薄利多賣)하는 기업만 성공하는 것은 아니다. 그러니 남들이 뭐라 하든 자기만의 정답을 찾아야 한다. 그 누구도 아닌 바로 자신의 인생이다.

WEEK-49

네가 하고 싶은 걸 해

2017년에 아버지가 돌아가셨다. 아버지는 돌아가시기 전에 내게 유언처럼 "책임감으로만 살지 말고 네가 하고 싶은 것을 다 해 봐라" 하고 말씀하셨다. 예전 같았으면 그 말을 '청춘이여, 마음껏 즐겨라' 정도로 받아들이고 '즐기기만 하면 뭐하겠어, 일도 공부도 해야지' 하고 생각했을 것이다. 그런데 나이를 먹고 회사에서 중역으로 바쁘게 지내다 보니 그 말의 무게가 다르게 다가왔다. 마침 가끔 나를 잃어버리는 현상을 겪는 중이었다.

나를 잃어버리는 현상은 일 때문이었다. 처리할 일이 너무 많았던 나는 며칠을 일에 파묻혀 지내곤 했다. 그런 내가 일에서 해방되자 처음 한 일은 돈을 마구 쓰는 것이었다. 하지만 만족감은 채워지지 않았다. 오히려 갈급함만 느껴졌다. 사이다를 많이 마시면 목이 마른 증상과 같았다.

이런 과정을 겪고 나서 작은 데서 만족을 느껴야 한다 사실을 절감했다. 그러려면 나 자신을 챙기는 시간이 확보되어야 했다.

나는 스스로에게 시간을 주기로 했다. 좋아하는 분위기의 카페를 찾았고 내가 좋아하는 음악이 나오는 곳을 선호했다. 그것이 내게 제공하는 휴식 시간이었다. 작은 사치를 통해 잠깐이나마 책을 보고 동영상을 보는 시간도 가졌다. 운동도 휴식을 이유 삼아 했다. 시간을 정해 놓지 않고 누군가와 스케줄이 대략 맞으면 부담없이 만나러 나가고 즐거움을 주기 위한 도구로서 운동을 했다.

나에게 선물도 했다. 운동화, 술, 음식 등 사고 싶은 것, 먹어 보고 싶은 것은 과하지 않는 선에서 모두 실행했다. 이 잠깐의 시간들은 나를 충분히 위로했다. 어쩌면 아버지의 말씀이 큰 위로가 되었는지도 모른다.

이 시간 이후 나는 더욱 거침이 없어졌다. 범위는 사람에게로까지 넓혀졌다. 저 사람이 나에게 꼭 필요하다면 눈치 보지 않고 "필요하다, 함께 일해 보자"고 말했다. '이럴 거다, 저럴 거다' 생각하고 따지고 재는 데 시간을 낭비하지 않았다. 보다 담대해졌다고나 할까?

아버지가 "너 하고 싶은 것을 다 해 봐라" 하고 말씀하셨을 때 '맞아. 그동안 내가 왜 하고 싶고, 만나고 싶고, 사고 싶은 것을 하지 않았을까'라는 생각이 들었다. 그래서 지금은 가능한 한 하고 싶은 것을 하고 있다. 작은 것들이지만 거기서 오는 위로와 행복은 결코 작지 않다. 나는 여러분도 그랬으면 좋겠다.

WEEK-50

나와 화해하기

얼마 전에 비행기 추락으로 얼굴이 흉측하게 타 버린 소녀가 40번의 수술 끝에 강연대에 오른 영상을 봤다. 나는 그 영상을 보고 '저 정도면 차라리 죽는 게 낫지 않을까?' 하고 생각했다. 저 외모로 살아간다는 게 너무 고통스러울 것 같았다.

그런데 몇 분 만에 그런 생각을 한 내가 너무 부끄러워졌다. 그녀는 천상의 목소리로 〈컨퍼러〉라는 노래를 부르며 분명한 메시지를 나에게 전달했다.

We all make mistakes(우리는 모두 실수를 하죠)

You might fall on your face(완전히 실패할지도 몰라요)

But you gotta get up!(하지만 일어나야 해요!)

I'd rather stand tall(당당히 일어서겠어요)

Then live on my knees(무릎을 꿇느니)

Cause I am a conqueror(왜냐하면 저는 승리자니까요)

And I won't accept defeat(저는 패배를 받아들이지 않을 거예요)

많은 사람에게 들려주고 싶을 만큼 엄청난 감동이 밀려드는 영상이었다. 동시에 나는 부끄러움을 느껴야만 했다. 정말 멀었구나, 아무것도 아니었구나 하며 말이다.

「로마서」 5장을 보면 '환난은 인내를, 인내는 연단을, 연단은 소망을 이룰 줄 앎이로다. 소망은 우리를 부끄럽게 하지 아니함은…' 이라는 구절이 있다. 나는 이 구절에서 의아함을 느꼈다. 어떻게 환난이 소망이 되지?

그런데 이제는 고개를 끄덕일 수 있다. 나 역시 비슷한 경험이 있었다. 고뇌와 고통을 거쳐 인내하는 상황이 되다 보면 그 과정에서 자신의 마음이 어떻게 움직이는지 알 수 있다. 나의 경우는 인내 끝에 결국 싫어하는 사람을 용서하게 되었다. 인내하다 보니 상대가 안타깝다는 생각이 든 것이다. 왜 저렇게밖에 하지 못할까? 하며 화가 나고 미워하는 게 아니라 그럴 수도 있지 하며 어느 순간 청유

형으로 바뀌었다.

　사실 나를 위한 행동이었다. 계속 미워하면 그런 마음을 먹은 나만 불행해질 것 같았기 때문이다. 마음에 독이 생기고 그 독이 나를 해치려는 징조를 보이자 발을 뺀 것이다. 그 덕분에 나는 연단으로 방향을 선회했고 나라는 풍선이 커지는 기분을 만끽할 수 있었다. 아주 작은 풍선일 때는 안에 그 어떤 것도 품을 수 없었지만 어느덧 커지면서 사람, 지식, 생각까지 품을 수 있게 된 것이다. 통찰력은 자연스럽게 따라왔다. 위 영상의 주인공도 나와 같은 마음이었을지도 모른다.

　나는 영상을 본 날 나와 대화를 시도했다. 일종의 반성이었다. 이 노력은 언젠가부터 효과를 보고 있었다. 예전에는 화가 나면 일주일에서 길면 한 달까지 갔는데 요즘은 하루를 안 넘기고 있다. 최근에는 반나절로 목표를 줄이기도 했다. 반나절 안에 아주 기분 나쁜 일을 기분 좋은 상태로 만들어야 하는 것이다. 오전에 일이 너무 안 풀렸고, 듣기 싫은 이야기를 들었고, 그래서 기분이 나빴어도 오후에는 웃을 수 있어야 하는 것이다.

　이렇게 나와의 대화를 통해 나와 화해하고 나를 용서하고 나면 오늘보다 더 나은 내일을 위해 스스로를 단련할 수 있게 된다.

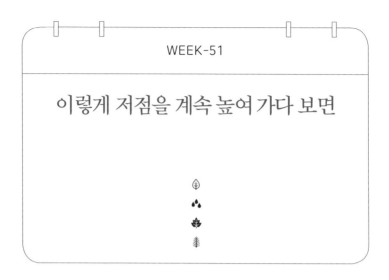

WEEK-51

이렇게 저점을 계속 높여 가다 보면

내게는 그동안 위기가 많았다. 그런데 신기하게도 나이를 먹을수록 그 위기를 돌파하는 속도가 빨라지고 있다. 이런 점에서는 경험이 쌓이면서 나이를 먹는 것도 나쁘지만은 않다.

나는 항상 오늘 죽는다는 마음으로 산다. 오늘 죽는다고 생각하고 하루를 살면 하루를 제대로 마무리하고 잠이 들게 된다. 그 상태로 아침에 일어나면 새로운 하루를 새롭게 시작할 수 있다. 매일 다시 태어나는 기분이다.

매일 다시 태어나면 어제보다 체력적으로는 떨어질 수 있다. 하지만 담금질하면 할수록 내 생각이나 마음은 더 단단해진다. 두려움도 없어진다. 어차피 오늘 하루 살 건데 하고 생각하니 보이지 않는 벽을 뚫는 것도 한층 수월해진다. 늘 도전하고 새로운 시장을 개척하게 된다. 문제점은 창의적으로 해결하기 위해 매일 연구한다. 비록 실패할지라도 도전하는 것 자체에 의미를 두고 지속적으로 시도한다.

끊임없이 도전하고 실패하고 성공하기를 반복한 끝에 점차 저점이 높아지고 있다. 시간을 통해서만 알 수 있는 것들이 있다. 지금의 나는 분명 그때보다 발전하고 생각이 확고해졌다. 앞으로 더 저점은 높아질 것이다. 또 책을 쓸 것이고 그 책이 나올 즈음에는 열심히 운동해서 몸에 왕(王) 자를 새길 것이다. 신체적으로도 저점을 높여 갈 작정이다. 또한 자산을 축적하는 방법을 익힐 것이다. 나를 지킬 수 있는 용도로써 말이다.

돈으로 환산되는 자산과 돈으로 환산되지 않는 자산, 사람에 대한 태도 등 모두 나이가 드는 속도에 박자를 맞춰 상승시킬 계획이다. 돈으로 환산되지 않는 자산에는 무엇이 있을까? 좋은 친구, 창의적인 아이디어, 건강, 맑은 정신, 올바른 관계, 추억, 비전, 꿈 등이 있을 것이다.

나는 정주영 회장의 "하기는 해 봤어?"라는 말을 좋아하지만 실제로 해 보면 모든 걸 할 수는 없음을 깨닫고야 만다. 안 되는 것을 인정하면 거기서 오는 편안함이 있다. 모든 걸 잘할 수 없다는 데서 오는 아이러니한 안정감이다.

예를 들어 내게 스페인어를 배워야 하는 상황이 생겼다고 하자. 배워야 하는 상황이니 누구보다 잘하기 위해 노력할 것이다. 하지만 나이가 나이인지라 원어민처럼 잘하기는 힘들 것이다. 마찬가지로 새로운 환경에서 먹고살라는 숙제가 주어지면 새로운 환경에서 살기는 할 테지만 노력과 투자 대비 효율은 떨어질 것이다.

어차피 모든 걸 잘할 수 없으니 손 놓고 있으라는 말이 아니다. 진인사대천명, 자신을 직시하고 최선을 다한 후 하늘에 뜻을 맡기라는 말이다.

나는 김형석 교수님을 정말 좋아한다. 1920년생으로 2018년 현재 만 98세다. 그럼에도 얼마나 정정하고 활기찬 모습으로 활동하시는지! 강의를 들어 보면 감탄이 절로 나온다. 그분은 '100년을 살아보니'라는 강의를 통해 60살부터 건강을 챙겼다고 밝혔다. 일반적으로 60살이면 노후를 즐기는 나이인데 이분은 그때부터 운동을 시작한 것이다. 그분은 뭘 하고 싶느냐는 질문에도 평범하지 않은 대답을 내놓았다.

"사랑을 하고 싶어요."

당신의 나이는 지금 몇인가? 설사 80세이거나 90세이거나 100세라 해도 아직 더 갈 수 있다. 1년이든 10년이든 더 산다면 내일을 위해 오늘을 준비해야 한다.

WEEK-52

나이테 만들기

우주와 지구의 탄생 과정을 심도 있게 다룬 다큐멘터리를 본 적이 있다. 그 다큐멘터리 속 진화론에 따르면 모든 생물의 시작은 눈이고 이 눈의 씨앗이 탄생되는 과정의 시초가 나무라고 한다. 나무가 조성된 다음에 사람과 동물이 살아가는 환경이 만들어진다는 것이다.

사실 나무에게는 그럴 만한 능력이 있다. 나무는 뿌리가 클수록 흔들림이 없다. 위로 솟은 나무는 그 높이만큼의 뿌리가 있다. 나무는 온갖 세파에 시달리면서도 끝끝내 이겨 내서 꽃을 피운다. 심지어 힘든 환경을 이겨 낸 나무는 더 강해진다. 열대 나무보다 시베리아 벌판의 나무가 더 강한 이유가 여기에 있다. 그리고 오랫동안 견

딘 나무에게는 고생했다는 듯이 나이테가 징표처럼 새겨진다.

사람도 나무와 다를 바가 없다. 온갖 굴곡을 경험한 사람들은 제각기의 나이테를 가진다. 시간이 지나면서 경험으로 쌓이는 것이다. 사람에 대한 경험, 일에 대한 경험, 시련을 겪으면서 얻은 경험 등 머리로 아는 것이 아닌 몸을 통해 직접 맞서면서 체득한다.

나 또한 건강도 잃어 봤고, 회사에서 명예를 실추당하기도 했고, 돈도 잃어 봤고, 본부장을 맡으면서 창업이라는 꿈을 미루기도 했다. 반면 다행스럽게도 임원으로 일하면서 얻은 것이 무척이나 많았다. 성장하는 사람과 성장을 멈춘 사람들을 보면서 생각이 더 확실해졌고, 위기에 처한 사람들의 대처 방식을 보며 많이 배웠다.

만약 창업을 했다면 어땠을까? 아마 지금 위기를 경험하고 있을 것이다. 이렇게 생각하면 아직까지 회사에서 일하고 공부하는 법을 돈을 받으면서 수련한 셈이니 오히려 고마운 일이다.

나는 오늘도 꿈을 위해 준비하고 있다. 이 책은 그 준비의 일환이다. 잘나서 글을 쓰는 게 아니라 지금까지의 생각을 정리한, 내 인생의 중간 정산인 셈이다. 세일즈라는 어려운 업종에서 20년 넘게 사람을 통해 성장해 온 나의 일기장이다. 한 사람이 죽는다는 것은 도서관 하나가 사라지는 것과 같다고 했다. 누구의 인생이든 그가 살아온 만큼 배울 것이 있다는 말이다.

예전과 달리 책이나 현자의 이야기, 심지어 직장 동료들로부터 얻는 등 간접 경험의 방법은 얼마든지 있다. 인생의 나이테를 가지되 직접 나이테가 아닌 간접 나이테를 가질 수 있다는 뜻이다. 어떤 종류의 경험이든 그것은 내 인생에 멋진 나이테를 만들어 준다. 따라서 경험을 두려워할 필요는 없다. 군인 출신에 마이너스 8000만 원으로 보험 세일즈를 시작한 나 같은 사람도 이만큼 오면서 적지 않은 통찰력을 얻었다. 어쩌면 내 삶에서 누군가 배울 점을 찾고 내 경험을 공유할 수 있을 것이다. 그저 독자들에게 도움이 되었으면 하는 바람이다.

앞으로도 나는 나만의 나이테를 만들어 갈 예정이다. 독자 여러분도 자신만의 나이테를 만들어 가길 바란다. 그렇게 함께 커 나가는, 동반 성장의 길을 다시 시작해 보자.

레디

초판 1쇄 인쇄 2018년 12월 12일
초판 1쇄 발행 2018년 12월 17일

지은이   김성환
발행인   김승호
펴낸곳   스노우폭스북스
편집인   서진

책임편집   이병철
마케팅   김정현, 이민우

디자인   강희연

주소   경기도 파주시 문발로 165, 3F
대표번호   031-927-9965
팩스   070-7589-0721
전자우편   edit@sfbooks.co.kr
출판신고   2015년 8월 7일 제406-2015-000159

ISBN   979-11-88331-51-2 03190
값 15,000원